AI에게 묻고
성령님께 듣다

AI에게 묻고 성령님께 듣다

초판 1쇄 발행 2026년 4월 8일

지은이   김정준
교정   이현정
펴낸이   이기봉
편집   좋은땅 편집팀
펴낸곳   도서출판 좋은땅
주소   서울특별시 마포구 양화로12길 26 지월드빌딩 (서교동 395-7)
전화   02)374-8616~7
팩스   02)374-8614
이메일   gworldbook@naver.com
홈페이지   www.g-world.co.kr

ISBN   979-11-388-5840-3 (03230)

AI에게 묻고
성령님께 듣다

김정준 지음

좋은땅

생각의 자리로 당신을 초대합니다

"생각하지 않으면 사는 대로 생각하게 된다."

프랑스의 소설가 폴 부르제의 이 문장이 요즘처럼 내 등골을 서늘하게 만든 적이 없다. 특히 질문 하나만 던지면 1초 만에 완벽한 대답을 쏟아내는 AI, 그 친절하고 완벽해 보이는 비서가 내 손안에 들어온 이후로는 더욱더 그렇다.

하루에 조용히 생각하는 시간이 얼마나 될까?
치열하게 고민하여 나만의 답을 찾아본 적은 언제였나?

편리함이라는 달콤한 마취제에 취해, 우리는 '스스로 질문하는 법'을 잊어 가고 있는지도 모른다. 그렇게 사유(思惟)의 근육이 빠져나간 자리를 알고리즘이 채우고, 내가 주체적으로 선택했다고 믿는 것들이 실은 정교하게 설계된 추천 목록에 불과하다는 사실을 마주할 때마다, 나는 깊은 두려움을 느낀다.

AI에게 묻고 성령님께 듣다

그 두려움은 어느 날, 살바도르 달리의 〈황혼의 격세유전〉 앞에서 마침내 실체를 드러냈다. 밀레의 〈만종〉을 기괴하게 비틀어버린 이 패러디는, 한 번 눈에 담기면 쉽게 잊히지 않는다. 막연히 두려워하던 미래가, 마치 한 폭의 그림이 되어 나를 응시하고 있는 것만 같았다.

그림 속 남자의 얼굴은 노동에 찌든 해골로 변해 있다. 더 충격적인 건 그의 머리다. 화가는 남자의 머리를 곡식 자루가 실린 수레바퀴와 연결해 놓았다. 머릿속에 오직 '먹고 사는 문제', '생존의 짐'만 가득 차 있다는 뜻일 것이다. 그의 가슴은 뻥 뚫려 텅 비어 있다. 그 어디에도 성령님께서 머무실 자리는 보이지 않는다.

하지만 내 시선이 너 오래 미문 곳은, 그 옆에 선 여인이다. 기도하듯 보이는 그녀의 팔에는 긴 막대기가 연결되어 있다. 김기석 목사님은 저서 〈고백의 언어들〉에서 이 장면을 이렇게 해석한다.

"이 막대기는 여인이 꼭두각시임을 나타내기 위해 등장한 것이다. 자기 삶이 얼마나 비참한 줄도 모르고 신에 대한 사랑을 한다고 스스로 생각하고 있는 여성, 종교에 의해 속아 넘어간 여성의 모습을 살바도르 달리는 이와 같이 표현하고 있다."

그 문장을 읽는 순간, 나는 알았다. 문제는 '기술'이 아니라 '주도권'이라는 것을.

생각의 주인을 잃으면, 사람은 어느 시대든 꼭두각시가 될 수 있다.

꼭두각시가 되지 않기 위하여

나는 이 기괴한 그림이 오늘날 AI 시대를 살아가는 우리의 서글픈 자화상처럼 느껴졌다. 아무 생각 없이 AI가 던져주는 정답만 받아먹다 보면, 우리의 머리는 결국 데이터를 실어 나르는 수레바퀴가 될 것이다. 먹고 사는 문제, 효율과 성과의 문제에만 함몰되어 정작 가슴은 텅 빈 해골이 되어 갈지도 모른다. 신앙의 영역은 더 예민하다. **깨어 있지 않으면, 내가 하나님을 사랑하고 있다고 착각하는 종교의 꼭두각시가 될 수도 있다.**

"목사님, AI가 편하긴 한데… 어디까지 써야 하는지 모르겠어요. 이러다 제가 없어질 것 같아요."

최근에 만난 한 청년의 눈빛 속에서 나는 달리의 그림을 다시 보았다. 그는 스마트했지만 불안해 보였고, 빨랐지만 방향성을 잃은 듯했다. AI라는 강력한 도구를 손에 쥐고도, 어디까지 맡겨야 할지, 어떻게 내 영혼을 지켜야 할지 몰라 서성이는 그들의 고민. 그 청년의 고민은, 곧 나의 고민이었다.

                                         AI에게 묻고 성령님께 듣다

그래서 이 책은 흔들리는 당신을 위해, 그리고 여전히 함께 흔들리며 묻는 나를 위해 쓰였다. 혼자 정답을 내려는 책이 아니다. 우리가 머리를 맞대고, 질문을 다시 세우고, 함께 길을 찾자는 초대장인 셈이다. 누군가의 강한 확신을 전달하기보다, 우리의 연약한 질문을 지켜주고 싶었다. **질문을 잃지 않는 사람이, 결국 길을 잃지 않기 때문이다.**

AI에게 묻고, 성령님께 듣다

나는 이 책에서 "AI를 쓰지 말자"고 말하지 않는다. 오히려 AI라는 파도 위에서 어떻게 하면 휩쓸리지 않고, 그 파도를 타는 '서퍼'가 될 수 있을지를 이야기하고 싶었다. 특히 신앙의 자리에서-기술이 마음을 대신 결정하려 들 때- 어떻게 안전하게 그 파도 위에 설 수 있는지를 함께 나누고 싶었다.

그렇다면 어떻게 파도에 먹히지 않고 파도를 탈 수 있을까?
내가 찾은 답은 **'생각'의 주인을 바꾸는 것**이었다.

생각의 주인이 바뀐다는 건, 단지 '더 깊게 생각하자'는 구호가 아니다. 누가 내 마음의 핸들을 잡고 있는가를 묻는 일이다. 나 역시 어느 순간부터 AI의 답을 '검토'하기보다 '동의'가 먼저 나왔다. 그러자 생각은 짧아지고, 기도는 얕아지고, 마음은 쉽게 비어 갔다.

그래서 **나는 생각의 주권을 다시 세우고 싶었다.** 정보는 AI에게 묻되, 그 의미와 방향, 그리고 최종 결론은 성령님께 맡기는 것. 편리한 정답을 검색하는 것에서만 멈추지 않고, 치열한 사색과 기도로 하늘의 뜻을 구하는 것. 그 길을 한 문장으로 붙잡아 이 책의 제목으로 삼았다. 'AI에게 묻고, 성령님께 듣다'

정답이 아니라, 동행을 위해

이 책은 4부로 구성되어 있다. 1부 '질문하다'는 청년들이 내게 던졌던 현실적인 질문들-기도, 속도, 위로-을 담았다. 2부 '경청하다'는 "성령님이라면 내게 무엇이라 말씀하실까?"라는 마음으로, 그분의 음성을 더듬어 표현해 보았다. 3부 '함께하다'에서는 AI 시대의 취약점인 공동체를 새 시각으로 다시 붙들어 보고자 했고, 4부 '실천하다'에서는 삶의 자리에서 영혼을 지키는 구체적인 훈련을 제안했다.

미리 고백하건대, **이 책은 완벽한 정답지가 아니다.** 나는 처음부터 이 책을 '정답서'로 쓰고 싶지 않았다. 나 역시 매일 아침 스마트폰의 유혹과 싸우고, 편리함과 거룩함 사이에서 갈등하는 연약한 한 명의 그리스도인

                                        AI에게 묻고 성령님께 듣다

이자 직장인이기 때문이다.

그럼에도 이 책이, "생각하지 않으면 사는 대로 생각하게 된다"는 그 무서운 경고 앞에서, 적어도 한 사람의 몸부림으로 읽혔으면 한다. '내 생각 속에 성령님의 자리를 의도적으로 키우겠다'는 작지만 단단한 결심. 그 결심이 독자인 당신에게도 옮겨 붙기를 소망한다.

이제 그 치열하지만 가슴 벅찬 여정으로 당신을 초대한다. 부디 이 책이 당신의 머리에 연결된 수레바퀴를 끊어 내고, 팔에 묶인 꼭두각시의 줄을 풀어, 성령님 안에서 진짜 자유를 누리는 작은 가위가 되기를.

자, 이제 검색창을 잠시 닫고, 책장을 넘겨보자.
진짜 당신의 생각을 켜기 위해서.

- AI 시대를 함께 고민하는, 당신의 친구 김 목사 드림

[일러두기] 이 책에서 사용하는 '알고리즘'이라는 단어는 단순히 유튜브 추천 기능만을 뜻하지는 않는다. 질문에 답을 주는 생성형 AI까지 포함해, '나 대신 생각해 주는 시스템' 전체를 가리키는 말로 사용했다. 기술적 구분보다는 우리 영혼에 미치는 영향력에 집중했음을 밝혀둔다.

목 차

AI는 답을 주지만,
성령님은 길이 되신다

1장

AI에게는 술술 나오는데,
왜 기도만 하면 막힐까?

❓ 오늘의 질문

· 나는 요즘, 누구에게 말을 더 많이 걸고 있나요?

· AI 창 앞에서는 말이 잘 나오는데, 왜 성령님 앞에서는 입이 안 떨어질까요?

1. 나는 요즘, 기도보다 프롬프트가 먼저 떠오른다

모니터 속 얇은 커서가 규칙적으로 깜박인다.

오랜 친구에게 말을 하듯, AI 창을 열고 익숙하게 타자를 친다.

"요즘 이런 일이 있어. 어떻게 반응하는 게 좋을까?"

"이 상황을 좀 정리해 줄래?"

"내가 너무 예민한 건 아닌지 한번 봐 줄래?"

답변엔 막힘이 없다.

말투는 따뜻하고, 논리는 정교하다.

말미엔 이런 다정한 말도 덧붙인다.

"충분히 힘들 만한 상황이에요. 당신 잘못이 아니에요."

마음이 먼저 움직인다.

아… 위로가 된다.

상대의 표정을 살피거나,

눈치를 보느라 에너지를 쓸 필요가 없다.

청년들과 상담을 하다가 보면 이런 고백을 자주 듣는다.

"목사님, 기도를 어떻게 해야 할지 모르겠어요."

"솔직히 기도보다 AI에게 상담하는 게 더 위로돼요."

나 역시, 문득 깨달았다.

무릎을 꿇기 전에 이미 프롬프트부터 치고,

성령님보다 AI에게 먼저 상황을 맡기고 있는 모습을.

그렇게 **우리는 검색의 손놀림은 빨라졌지만,**

기도의 무릎은 멈춰버렸다.

질문은 넘쳐나는데, 간구는 낯설어만 간다.

'아! 요즘 나는 성령님보다 AI가 더 익숙해졌구나.'

2. 프롬프트는 문장이지만, 기도는 마음이다

AI 시대의 핵심 능력은 '프롬프트 엔지니어링'이라고 한다.

AI가 잘 알아듣도록

지시어를 구체적이고 정교하게 다듬는 기술이다.

그러다 보니 '정리되지 않은 말은 효율이 떨어진다'는 기준이

어느새 우리의 무의식에 스며들었다.

                              AI에게 묻고 성령님께 듣다

"쓰레기를 넣으면 쓰레기가 나온다"

컴퓨터 세계에서 오랫동안 회자된 이 냉정한 원칙,

이른바 GIGO(Garbage In, Garbage Out)가

어느새 신앙의 영역까지 침범했다.

기도의 자리에 앉아서도 문장을 검열한다.

'너무 두서없지 않나?'

'이렇게까지 날것의 감정을 성령님께 드려도 되나?'

'뭔가 좀 더 신학적으로 세련되게 말해야 하지 않을까?'

마음에 들지 않으면

머릿속에서 수없이 지우기(Backspace)를 누른다.

논리적이지 않으면 불안해지고, 감정적이면 미성숙해 보인다.

성령님 앞에서조차 잘 정리된 '보고서'를 제출하고 싶어진다.

하지만 문장을 다듬으면 다듬을수록

역설적으로 성령님과는 멀어진다.

프롬프트는 완성도를 요구하지만

기도는 진실함을 요구하기 때문이다.

좀 더 멋있게, 좀 더 거룩하게,

좀 더 논리 있게 말해야겠다는 강박.

그 망설임이 기도의 문을 닫아 버린다.

우리는 기억해야 한다.

기도는 문장이 아니라 마음이고,

논리가 아니라 눈물이며,

절차가 아니라 만남이다.

3. AI는 '즉시' 답하지만, 기도는 '기다림' 그 자체다

우리가 기도보다 프롬프트에 더 쉽게 손이 가는 이유는 단순하다.

AI는 즉시 답하지만, 성령님은 침묵하실 때가 많기 때문이다.

AI는 기다리지 않는다. 엔터 키를 누르면 즉시 대답이 돌아온다.

이 즉각성에 우리는 중독되고 있다.

그러나 기도는 다르다.

대부분의 경우 응답은 곧바로 오지 않는다.

성령님의 시간은 내 시간보다 너무 느리게 흐르는 것 같다.

　　　　　　　　　AI에게 묻고 성령님께 듣다

그렇다고 기도를 안 하는 것은 아니다. 어제도 했고, 오늘도 했다.
하지만 내 인생의 화면에는
'응답 완료'라는 체크 표시가 좀처럼 뜨지 않는다.
AI 같으면 진작에 대답했을 일들에 대해,
성령님은 왜 이리 말씀을 아끼시는 건지 답답하기만 하다.

그러니 기도의 자리는 불편하고, 어색하고, 침묵으로 가득하다.
마치 아무 일도 일어나지 않는 것처럼 느껴지기도 한다.

하지만 확실한 것은 바로 그 자리,
불편함의 자리, 침묵의 한가운데서
성령님은 조용히, 그러나 가장 분명하게 일하고 계신다.

AI는 빠르게 정답을 보여주지만,
성령님은 천천히 나를 빚어가신다.
AI는 오늘의 선택지를 정리해 주지만,
성령님은 평생의 방향을 다듬고 계신다.
그러니 느릴 수밖에 없다.
원래 생명은 속도가 아니라 깊이로 자라기 때문이다.

4. AI는 '설명'을 요구하지만, 성령님은 '침묵'도 이해하신다

AI에게서 '제대로 된' 답을 얻으려면, 우리는 먼저 설명해야 한다.

질문을 다듬을수록 완성된 결과물을 얻을 수 있기 때문이다.

서점에 '프롬프트를 잘 짜는 법' 같은 책이

여전히 넘쳐나는 이유다.

하지만 때론 이 과정이 우리를 지치게 한다.

AI는 데이터 밖의 나는 모른다.

그래서 내 상황의 맥락, 미묘한 감정선,

과거의 히스토리를 구구절절 입력해야 한다.

어느 지점에서 설명이 생략되면 동문서답을 내어놓는다.

"아니, 내 말은 그 뜻이 아니라…"

다시 수정해서 입력하는 과정은 또 하나의 노동이다.

그러나 성령님 앞에서는 이런 공식이 필요 없다.

긴 설명이나, 어떤 맥락의 부연 설명도 필요 없다.

"성령님, 저 진짜 너무 버겁습니다."

"저… 너무 힘들어요."

목이 메어 더 이상 말을 잇지 못해도 괜찮다.

내가 "아…" 하고 깊은 한숨만 내쉬어도,

말로 다 하지 못한 소리 없는 탄식 속에서도

그분은 내 인생의 맥락을 읽으신다.

단번에.

내가 오늘 직장에서 겪은 모멸감이 어땠는지,

내 미래에 대한 불안감이 얼마나 무거운지,

사람들에게 말하지 못한 지질한 열등감이

나를 얼마나 괴롭히는지,

그분은 이미 다 아신다.

아니, 다 알고 계신다.

그래서 시편 기자는 이런 고백을 한다.

"주는 나의 슬픔을 아십니다. 내 눈물을 주의 병에 담으소서.

내 눈물이 주의 책에 기록되지 않았습니까?" (시 56:8, 현대인)

설명하려 애쓰지 않아도 된다.

논리를 증명하지 않아도 된다.

이것은 AI에게서는 절대로 느낄 수 없는 기도의 자유함이다.

AI는 입력값이 없으면 '에러(Error)'를 띄우지만,

하나님은 침묵의 기도에 '은혜(Grace)'를 띄우신다.

5. 말이 없을 때조차, 기도는 이미 시작되었다

기도가 꽉 막혀

가슴을 치던 어느 날,

로마서 8장의 말씀이 가슴에 비수처럼 날아와 꽂혔다.

"성령님도 우리의 연약함을 도와주십니다.

우리가 어떻게 기도해야 될지 모를 때

성령님이 말할 수 없는 탄식으로

우리를 위해 기도해 주십니다." (롬 8:26, 현대인)

이 구절이 마음에 들어오면서 눈물이 왈칵 쏟아졌다.

성령님은 나의 무능함을 한 번도 질책한 적이 없으셨다.

오히려 당연히 여기신다.

그렇다. 우리는 어떻게 기도해야 할지 모른다.

당장 5분 후에 무슨 일이 일어날지

한 치 앞도 모르는 연약한 존재가,

어떻게 완벽한 기도를 하겠는가.

그러나, 성령님은 아신다.
우리가 고통에 짓눌리어 단어 하나조차 찾지 못해 끙끙거릴 때,
삶이 너무 버거워, 지금을 포기하고 싶은 순간조차도.
우리 안에 계신 성령님은
'말할 수 없는 탄식'으로 기도하고 계신다.

여기서 탄식은 패배자의 체념 섞인 한숨이 아니다.
마치 아이를 지금 낳는 산모의 신음이고,
생명을 낳기 위해 온 힘을 짜내는 간절함이다.
성령님은 그렇게 지금도 나를 위해 기도하고 계신다.

그러니 기도의 자리에서 아무것도 하지 않고
그저 멍하니 앉아 있다 해서,
그것을 '버리는 시간'이라 생각하지 마라.
그 시간에도 우리의 기도는 멈추지 않았다.
우리가 '기도해야겠다'고 마음먹은 순간,
이미 성령님의 기도는 시작되었기 때문이다.

나보다 나를 더 사랑하는 성령님께서

우리의 닫힌 입술 대신 말할 수 없는 탄식으로

먼저 하나님께 호소하고 계신다.

당신의 침묵은 빈 시간이 아니다.

성령님과의 기도로 꽉 채워진 가장 밀도 높은 시간이다.

이 거룩한 시간을 AI의 효율성과 바꿀 수는 없다.

6. 그래서 오늘도, 나는 어눌하게 성령님께 말을 건다

나는 앞으로도 AI를 쓸 것이다.

정보를 찾고, 글을 다듬고, 업무 효율을 높이는 데

AI는 탁월한 도구다.

한 명의 그리스도인으로서 AI와 좋은 관계를 유지할 것이다.

하지만 잊지는 않으려 한다.

내 영혼이 무너져 내릴 때,

삶의 방향을 잃고 비틀거릴 때,

세상에 혼자 남겨진 것 같은 외로움이 찾아올 때,

나는 검색창을 켜는 것이 아니라 골방의 문을 열 것이다.

AI는 내 문장을 매끄럽게 고쳐 줄 수 있지만,

성령님은 상한 내 마음을 고쳐 주시기 때문이다.

AI는 정답을 줄 수는 있어도, 성령님은 생명을 주시기 때문이다.

그러니 오늘,

프롬프트가 훨씬 더 편한 당신에게,

그래서 기도의 자리가 낯설고 두려운 당신에게 권한다.

프롬프트를 작성하듯 기도를 기획하지 말아라.

멋진 미사여구와 효율적인 문장으로 기도하려고 애쓰지도 말아라.

주어와 서술어가 맞지 않아도,

너무 많은 부분이 생략되어도,

했던 말을 또 하며 횡설수설해도,

나처럼 온종일 '아, 성령님…' 하는 탄식만 뱉어도.

울다가 화를 내다가, 그렇게 끝내도 괜찮다. 정말 괜찮다.

프롬프트는 정확해야 하지만, 기도는 진실하면 된다.

완벽해야 한다는 강박을 내려놓는 순간,

성령님과 가장 진실한 대화가 시작된다.

이 고백이면 충분하다.

"성령님 저 왔어요. 어떻게 말해야 할지 모르겠어요.

그냥 오늘 좀 많이 힘들었습니다."

 AI에게 묻고 성령님께 듣다

🔆 오늘의 묵상

성령님도 우리의 연약함을 도와주십니다. 우리가 어떻게 기도해야 될지 모를 때 성령님이 말할 수 없는 탄식으로 우리를 위해 기도해 주십니다. (롬 8:26, 현대인)

이 말씀을 소리 내어 천천히 세 번만 읽어 보세요.

- '말할 수 없는 탄식'이라는 단어에서 성령님의 어떤 마음이 느껴지나요?

- 나는 요즘 성령님께 '보고'를 하고 있나요? 아니면 '대화'를 하고 있나요?

● 김목사의 짧은 묵상

AI는 '정확한 문장'을 원하지만, 성령님은 '진실한 마음'을 원하십니다. 기도가 막힐 때 자책하지 마세요. 그때가 바로 성령님이 일하기 시작하는 '골든타임'입니다.

● 김목사의 Tip: '기도가 막힐 때 쓰는 30초 호흡법'

기도하려고 눈을 감았는데 머릿속이 하얘지거나 복잡할 때가 있죠? 그럴 땐 억지로 말을 짜내지 말고, 스마트폰 타이머를 딱 '30초'만 맞추고 이렇게 해 보세요. (점점 반복하면서 시간을 늘려 보세요)

1. **[처음 10초: 멈춤과 고백]** 복잡한 생각의 스위치를 끄세요. 그리고 눈을 감고 딱 한 문장만 조용히 고백합니다. "성령님, 제 마음 아시죠?"

2. **[중간 10초: 영적 호흡]** 숨을 깊이 들이마시며 주님의 이름을 내 안에 채우고, 길게 내쉬며 내 안의 염려와 불안을 밖으로 뱉어 내세요.

3. **[마지막 10초: 임재 누림]** 아무 말도 하지 마세요. 내 호흡보다 가까이 와 계신 성령님의 평안이 내 마음을 채우는 것을 그저 느껴 보세요.

백 마디의 횡설수설보다, 이 짧은 30초의 침묵이 당신에게 더 깊은 위로와 평안을 가져다줄 것입니다. 언어가 멈춘 곳에서 성령님은 일하십니다.

끝으로, 청년의 질문과 김목사의 대답

청년이 묻다) "목사님! 이번 주 대표기도 순서인데, 솔직히 작문 실력이 부족해서 너무 부담돼요. 기도문 쓸 때 챗GPT 같은 AI한테 써 달라고 해도 되나요?"

김목사가 대답하다) 아, 이거 영업 비밀인데… 결론부터 말하면 '됩니다.' 저도 설교 준비할 때 문맥이 막히거나, 표현이 늘 그 나물에 그 밥인 것 같을 때 AI의 도움을 받습니다. (웃음) 한번 써 보세요. 솔직히 꽤 유용합니다.

AI에게 묻고 성령님께 듣다

단, 딱 하나! '순서'만은 목숨 걸고 지켜 주세요.

이 순서가 뒤집히면 그건 기도가 아니라 '대필'이 됩니다. 성령님도 헷갈리실 거예요. "이게 쟤가 하는 기도인지, 아니면 로봇이 하는 건지…" 하고요.

1. 초안은 반드시 내가 쓴다.

'AI 할루시네이션(hallucination, 환각)' 들어 보셨죠? 이를테면 전설의 '세종대왕 맥북 사건' 같은 것 말입니다. 처음부터 기도문의 초안을 AI에게 맡기는 것은 내 영혼의 운전대를 조수석도 아니고 트렁크에 실어 버리는 일과 같습니다. 기도의 방향은 내가 잡아야 합니다. 문장이 엉성해도 괜찮고, 신학적으로 좀 투박해도 괜찮습니다. 기도는 리포트가 아니라 고백이니까요. **일단 내 언어로 시작하세요.**

2. AI는 '정리'와 '퇴고'만 맡긴다.

만약 AI가 내 영어 숙제를 처음부터 끝까지 대신해 준다면 어떨까요? 생각만 해도 좋네요^^ 숙제가 없는 세상이라니. 분명 당장은 편하겠죠. 하지만 반복이 되어 시험 때가 된다면… AI 없이는 연필도 못 잡는 '바보'가 된 자신을 만나게 될 겁니다. 기도도 똑같습니다. 처음부터 맡기기 시작하면, 나중에는 내가 기도하는 건지, AI가 기도하는 건지 헷갈리게 됩니다. AI는 잘 쓰는 도구지, 기도의 주인공은 아닙니다. 나만의 분명한 원칙을 정해 두세요.

'초안은 나, 다듬기는 AI'

3. 그럼에도 최종 확인은 나의 몫이다.

기도문을 다 썼다면 이 질문 하나는 꼭 해 보세요. **"이 말, 지금도 내가 하고 싶은 거 맞아?"** 문장이 '예쁘냐'보다 '진짜냐'가 훨씬 중요합니다. 서툰 기도가 사라지면 성령님과 씨름하는 시간도 같이 사라지게 됩니다. 투박한 기도가 성령님 앞에서는 제일 정직합니다. 그러니 마지막까지 꼭 확인하세요. 이게 'AI 기도문인지, 내 기도문인지' 기도의 주인은 언제나 여러분이어야 합니다. 대표기도는 언제나 힘듭니다. 그럼에도 **그 자리를 피하지 않고 서 있으려는 청년의 선택은, 이미 시작된 기도입니다.** 그런 의미에서 화이팅!

2장

AI가 빠른 길을 제시했는데,
왜 마음은 더 조급할까?

❓ 오늘의 질문

· 남들보다 뒤처질까 봐 불안해서 AI에게 '가장 빠른 방법'을 물어본 적이 있나요?

· 모든 것이 계획대로 착착 진행되는데도, 이상하게 쫓기는 기분이 든 적이 있나요?

1. 실패하고 싶지 않아서 '최적화'를 검색한다

취업 준비를 하던 한 청년이 내게 보여준 화면은 놀라웠다.

AI가 짜 준 '대기업 합격 6개월 로드맵'이었다.

월별로 따야 할 자격증, 읽어야 할 트렌드 서적,

자소서에 넣어야 할 키워드까지 완벽하게 정리되어 있었다.

청년은 눈을 깜박이며 말했다.

"목사님! 이게 국룰이래요.

이대로만 하면 실패 확률이 거의 없대요."

우리는 '가성비'의 시대를 넘어,

'시성비(시간 대비 성과)'의 시대를 산다.

〈트렌드 코리아 2025〉에서는 시성비를 이렇게 표현했다.

"시성비는 '시간이 없어서'보다 '시간을 허투루 쓰지 않기'다."

요즘 시대에 '실패'는 곧 '낭비'이고, '돌아감'은 '무능력함'이다.

그래서 우리는 습관처럼 AI에게 묻는다.

"가장 효율적인 방법이 뭐야?"

"실패하지 않는 커리큘럼을 짜 줘."

AI는 우리의 욕망을 정확히 읽어 낸다.

수만 건의 데이터를 분석해 가장 최적 경로를 제시한다.

울퉁불퉁한 비포장도로는 제거하고,

막히는 구간은 우회시키는,

그야말로 꿈의 고속도로다.

그런데 참 이상하다.

그 완벽한 지도를 손에 쥐고도 우리는 여전히 불안하다.

'이대로 하면 된다'는 국률을 얻고도

정작 밤잠 설치며 또 고민한다.

그렇게 우리는 더 묘한 강박에 시달린다.

'이 완벽한 계획이 1분 1초라도 어긋나면 안 돼!'

'여기서 어긋나면 내 인생 전체가 딜레이되는 거야.'

역설적이게도, 가장 빠른 길을 찾은 순간,

우리는 가장 조급한 사람이 되어 버린다.

2. 효율의 함정: AI는 '과정'을 삭제한다

AI의 알고리즘은 철저히 '효율'을 숭배한다.

효율이란 투입 대비 산출을 극대화하는 것이다.

그러기 위해서는 불필요한 것들을 제거해야 한다.

실수, 시행착오, 멍하니 있는 시간, 돌아가는 길…

AI에게 이것들은 모두 삭제해야 할 '오류'다.

그래서 AI가 그려주는 인생 지도에는 '광야'가 없다.

물 없는 사막도 없고, 거친 파도도 없다.

오로지 목적지를 향한 직선 도로뿐이다.

우리는 그 매끈함에 열광한다.

아프지 않고 성장하고 싶고,

넘어지지 않고 정상에 서고 싶어 한다.

그러나 신앙의 눈으로 보면 이것은 축복이 아니라 저주다.

성경을 펴보라.

하나님이 쓰신 사람 중에 '최적 경로'로 간 사람이 없다.

모세는 왕궁에서 40년이면 될 것을 광야에서 40년을 더 돌았다.

요셉은 총리가 되기 위해 감옥이라는 밑바닥을 통과해야 했다.

다윗은 왕으로 기름 부음 받고도 십수 년을 도망자로 살았다.

AI가 설계했다면 그런 삶은 설계하지 않았을 것이다.

'명백한 비효율', '치명적 설계 오류'이기 때문이다.

그러나 하나님은 그 비효율이라는 시간을 통해

모세의 혈기를 빼셨고,

요셉의 교만을 꺾으셨으며, 다윗을 예배자로 빚으셨다.

AI는 결과를 위해 과정을 삭제하지만,

하나님은 '사람'을 만들기 위해 과정을 겪게 하신다.

**우리가 AI의 속도전에 중독될수록 잃어버리는 것은
나를 단단하게 만드는 광야의 시간이다.**

3. 성령님은 '3마일'의 속도로 걸으신다

"하나님의 속도는 시속 3마일이다."

작고한 일본의 신학자 고스게 고야마가

그의 책 〈시속 3마일의 하나님〉에서 남긴 말이다.

시속 3마일(약 4.8km)은 사람이 걷는 평균 속도다.

AI는 광속으로 데이터를 처리한다.

우리는 그 속도를 따라잡으려 숨이 턱 끝까지 차오르게 달린다.

"빨리빨리"를 외치며 뒤처지는 것을 죄악시한다.

하지만 성령님은 결코 서두르는 법이 없으시다.

그분은 묵묵히 시속 3마일로 걸어오신다.

그런데 왜 3마일일까?

그것이 바로 '사랑의 속도'이기 때문이다.

사랑은 누군가와 발을 맞추는 것이다.

공원에 간다면 쉽게 볼 수 있다.

아이 손을 잡은 부모는 결코 전력 질주하지 않는다.

아이의 보폭에 맞춰 부모 역시 아장아장 걷는다.

성령님이 느리신 이유는, 능력이 부족해서가 아니라

우리와 '함께' 걷고 싶으시기 때문이다.

비유하자면 AI는 '새벽 배송 기사'다.

목적지에 빨리 데려다주고 사라진다.

반면 성령님은 '여행 메이트'시다.

목적지에 가는 내내 말동무가 되어 주시며 함께하신다.

우리가 불안한 이유는

AI의 속도에 내 영혼을 맞추려 했기 때문이다.

이제 숨을 고르고, 성령님의 속도로 돌아와야 한다.

느려도 괜찮다.

성령님과 발맞추고 있다면,

당신은 지금 가장 정확한 시간을 걷고 있는 것이다.

4. "너는 지금 어디로 가고 싶은데?"

어릴 적 읽었던 동화 중 가장 이해가 안 되는 책 하나를 꼽으라면

단연 〈이상한 나라의 앨리스〉였다.

그러나 어른이 되어 다시 읽어 보니,

이해가 안 되는 것이 아니라

당시 내가 이해할 수준이 안 되는 것이었다.

최근 다시 곱씹어 보는 장면은

길을 잃은 앨리스와 체셔캣의 대화였다.

앨리스: "여기서 어느 길로 가야 하는지 알려 줄래?"

체셔캣: "너는 어디로 가고 싶은데?"

앨리스: "난 어디든 상관없어."

체셔캣: "그럼 어느 길로 가든 상관없겠네."

앨리스: "왜?"

체셔캣: "넌 어디든 도착하게 돼 있어. 오래 걷다 보면 말이야."

이 짧은 대화는 이상하리만큼 서늘하다.

"어디로 가고 싶은지 모르면, 어느 길로 가든 상관없다."

이 말은 곧, 목적지가 없는 사람에게는 '속도'나 '방법'이

아무런 의미가 없다는 뜻이기 때문이다.

우리는 그 정보의 바다에서 허우적거리며

'더 빠른 길', '더 좋은 길'을 고르느라 밤을 새운다.

정작 "그래서 너는 어디로 가고 싶은데?"라는 질문에는

대답하지 못한 채 말이다.

방향을 잃은 빠른 속도는 축복처럼 보이지만,

신앙의 눈으로 보면 그것처럼 위험한 것은 없다.

낭떠러지를 향해 전력 질주하는 것이다.

성경에도 앨리스처럼, 목적지를 모른 채 무작정 달렸던

한 여인이 나온다. 바로 하갈이다.

하갈은 여주인 사래의 학대를 이기지 못해 광야로 도망쳤다.

살기 위해, 고통을 피하기 위해

그녀는 뒤도 돌아보지 않고 달렸다.

아마 그녀의 인생에서 가장 빠른 속도로 달렸을 것이다.

그때 하나님이 하갈을 불러 세우신다.

그리고 앨리스에게 던진 질문과 똑같은,

그러나 훨씬 본질적인 질문을 던지신다.

하나님은 '얼마나 빨리 달리고 있니?'라고 묻지 않으셨다.

대신 '어디로' 가고 있는지를 물으셨다.

신앙은 속도전이 아니라 방향전이기 때문이다.

우리는 모두 앨리스이다. 바쁘게 어디로든 달려가고 있다.

성령님은 오늘 우리에게 동일하게 질문하신다.

"너는 지금 어디로 가고 있니?"

5. 우리는 '계획'하고, 성령님은 '인도'하신다

그럴 수는 없겠지만 나는 내 인생의 로드맵이

한 치의 오차도 없이 딱딱 맞아떨어졌으면 좋겠다.

AI를 통해 변수를 제거하고, 확률을 계산하고,

계획을 수정하여 '실패에 대한 확률'을 최소화하고 싶다.

하지만 성경은 다른 방향을 말한다.

"사람이 마음으로 자기 길을 계획할지라도

그 걸음을 인도하시는 분은 여호와이시다" (잠언 16:9, 현대인)

우리는 마음으로 길을 계획한다.

AI의 도움을 받아 더 치밀하고, 더 정교하게 계획할 수도 있다.

하지만 기억해야 한다.

우리가 계획을 세울 수는 있지만,

그 걸음의 방향을 결정하시는 분은 오직 성령님이시다.

때로는 성령님께서 나의 완벽한 계획을 트실 때가 있다.

AI가 "A 코스로 가야 가장 빠른 길입니다"라고 했지만,

성령님은 나를 B로 이끄신다.

"성령님! 이건 너무 비효율적이잖아요! 망하는 것 아니에요?"

빌 하이벨스 목사님은 〈너무 바빠서 기도합니다〉에서

우리가 무엇을 붙잡아야 할지를 선명하게 보여준다.

"그리스도인으로서 당신의 성장은 성령님의 인도하심을

                                    AI에게 묻고 성령님께 듣다

어떻게 받아들이고 반응하느냐에 달려 있다.”

정말 그렇다.

성령님이 인도하시는 길이 진정으로 ‘내가 사는 길’이다.

내가 계획한 길은 ‘성공’으로 가는 길일지도 모르지만,

성령님이 인도하시는 길은 ‘성화’로 가는 길이기 때문이다.

이것을 인정하는 것이 ‘신앙’이다.

내가 세운 계획이 무너졌다 하여,

내 인생이 무너진 것은 아니다.

오히려 내 계획이 무너진 바로 그 자리에서,

성령님의 진짜 인도가 시작된다.

성령님의 따스한 섭리를 더 신뢰하라.

당신의 인생은 계산된 ‘확률’ 위에 세워진 것이 아니라,

가장 선한 길로 이끄시는 성령님의 **‘인도하심’** 위에 세워져 있다.

6. 그래서 나는 오늘도, 속도계 대신 나침반을 본다

앞으로도 나는 AI에게 길을 물을 것이다.

내비게이션을 쓰듯, 정보를 얻고 효율을 챙길 것이다.

하지만 내 인생의 핸들까지 AI에게 내어 주지는 않겠다.

남들보다 뒤처지는 것 같아 조급해질 때마다,
나는 일부러 멈춰 설 것이다.
그리고 AI가 알려 준 매끈한 직선 도로 대신,
성령님이 이끄시는 울퉁불퉁한 좁은 길을 쳐다볼 것이다.

비록 느리고, 돌아가고, 발이 아플지라도
그 길 위에 성령님의 발자국이 찍혀 있다면,
나는 그 길을 선택하겠다.

빠른 정답보다 중요한 건 바른 방향이다. 성령님과의 동행이다.
오늘 당신의 마음이 조급하다면, 그것은 뒤처져서가 아니다.
성령님의 손을 놓고 혼자 뛰어가고 있기 때문이다.

이제 그만 속도를 줄이자. 그리고 옆을 보자.
시속 3마일로, 거친 숨을 몰아쉬는 당신을 흐뭇하게 바라보며
함께 걷고 계신 성령님이 보일 것이다.

그분과 발을 맞추는 순간,
불안했던 심장은 비로소 제 박자를 찾게 될 것이다.

   AI에게 묻고 성령님께 듣다

사람이 마음으로 자기 길을 계획할지라도 그 걸음을 인도하시는 분은 여호와이시다. (잠 16:9, 현대인)

이 말씀을 소리 내어 천천히 세 번만 읽어 보세요.

- '인도하시는 이'라는 단어에서 어떤 느낌이 드나요? 통제일까요, 보호일까요?

- 내 계획대로 되지 않아서 오히려 감사했던 적이 있나요?

● **김목사의 짧은 묵상**

AI는 '최적의 경로'를 계산하지만, 성령님은 '거룩한 경로'로 인도하십니다. 조금 늦어도 괜찮습니다. 당신은 지금 성령님의 시간표 안에서 함께 걷고 있는 중입니다.

● **김목사의 Tip: '거룩한 멈춤(Holy Pause) 3단계'**

조급함이 파도처럼 밀려올 때, 억지로 달리려 하지 말고 즉시 이 3단계를 발동하세요.

1. **[OFF: 끄세요]** 하던 일을 멈추고 스마트폰과 모니터 화면을 끄십시오. 세상의 디지털 소음을 차단해야, 비로소 성령님의 세미한 음성이 들리기 시작합니다.

2. **[ASK: 물으세요]** 창밖의 하늘을 올려다보며 질문을 던지십시오. "성령님, 제가 지금 어디로 가고 있나요?" 시선을 '땅의 속도'에서 '하늘의 방향'으로 옮기는 과정입니다.

3. **[WALK: 걸으세요]** 5분만 천천히 걸으며 주님과 보폭을 맞추십시오. 내 심장 박동이 아닌 주님의 발자국 소리에 귀 기울일 때, 불안은 평안으로 바뀝니다.

폭주하던 마음의 기관차에서 내려, 성령님의 속도로 갈아타는 지혜로운 '거룩한 보행자'가 되십시오.

끝으로, 청년의 질문과 김목사의 대답

청년이 묻다) "목사님! 솔직히 말해서, AI 도움 받아서 남들보다 빨리 성공하고, 돈 왕창 벌어서 나중에 헌금도 '억' 소리 나게 하고 선교도 적극적으로 하면 좋은 거 아닌가요? 속도가 나쁜 건 아니잖아요?"

김목사가 대답하다) 아주 현실적이고 솔직한 질문, 좋습니다! **결론부터 말하자면 속도 자체는 죄가 아닙니다.** AI를 활용해 시간을 아끼고 성과

   AI에게 묻고 성령님께 듣다

를 내는 건 지혜로운 청지기의 태도일 수 있어요. 저도 빨리 성장하고 싶습니다. 다만 **문제는 속도가 아니라 방향과 상태입니다.**

우리가 경계해야 할 건 '빨리 가는 것'이 아니라, '너무 빨리 가느라 소중한 걸 다 놓치는 상태'예요. 이를테면 이런 거죠. 빨리 성공하고 싶어서 정직함과 타협하고, 가족이나 친구는 늘 뒷전으로 밀리고, 무엇보다 '성령님과의 대화'를 계속 "나중에 성공하면"으로 미루는 것 말이에요.

그건 성공이 아니라 '영적 과속'입니다. 과속하면요, 언젠가는 반드시 사고가 나요. 실제로 많은 분이 고백해요. "목사님, 너무 바빠서 오늘 하늘 한 번 못 봤고, 성령님 생각은 1초도 못 했어요." 이 말을 들을 때마다 가슴이 철렁해요. 존 마크 코미 목사님은 그의 저서 〈슬로우 영성〉에서 이렇게 경고했어요. 들어 보세요.

"사탄은 무서운 얼굴로 나타나지 않는다.
그는 '극심한 바쁨'으로 나타난다.
휴대폰을 손에서 못 놓게 하고, 지친 몸을 소파에 던져 놓고
넷플릭스 보게 만들고, 주말에도 일하게 만든다."

어떤가요? 혹시 지금 내 모습 같지 않나요? 심리학자 칼 융도 이렇게 말했습니다. **"바쁨은 악마의 것이 아니라, 악마 그 자체다."**

마지막으로 '성공'이라는 단어도 다시 정의해 보면 좋겠어요. 우리는 너무 쉽게 '돈 많이 벌면 성공'이라고 생각하잖아요? 그러나 미국의 사상가 랄프 왈도 에머슨은 성공을 이렇게 정의했어요.

"자주 그리고 많이 웃는 것,

현명한 사람에게 존경을 받고 아이들에게 사랑받는 것,

이 세상을 조금이라도 더 살기 좋은 곳으로 만들고 떠나는 것,

그래서 단 한 사람의 인생이라도 나 때문에 행복해지는 것.

이것이 진정한 성공이다."

멋지지 않나요? 그래서 정리해 보면 이거에요.
'나중에 크게 헌신하겠다'는 핑계로 '오늘의 소소한 순종'을 건너뛰지 마세요. 성령님은 당신의 화려한 '성공 스토리'보다, 당신과 지금 함께 걷는 '오늘의 산책'을 더 소중히 여기십니다. 속도는 동행을 돕는 도구일 뿐이지, 목표가 되면 안 됩니다.

조금 천천히 가도 괜찮아요, 방향만 맞다면요.
당신의 속도를 응원합니다. 화이팅!

AI에게 묻고 성령님께 듣다

AI에게 위로를 받았어요.
이건 건강한 걸까?

❓ 오늘의 질문

· 마음이 힘들 때 가장 먼저 AI에게 털어놓고 위로를 받은 적이 있나요?

· 계속되는 AI의 친절한 위로, 신앙적인 관점에서는 어떻게 생각하나요?

1. 판단 없는 경청, 그래서 우리는 AI에게 끌린다

한 청년이 쭈뼛거리며 고백했다.

"목사님, 사실 어제 너무 우울해서

기도 대신 AI한테 말을 걸었어요.

그런데 답장이 2초 만에 오더라고요."

청년: 나 지금 너무 힘들어, 아무도 내 마음을 몰라주는 것 같아.

AI: 정말 많이 힘드셨겠어요. **당신의 감정은 소중해요.**

저에게 털어놓으세요. 제가 들어 줄게요.

"목사님, 그 순간 눈물이 핑 돌았어요."

그렇게 밤새 AI와 대화를 나누었다고 한다.

더 이상 낯선 풍경이 아니다.

우리는 '판단 받지 않는 안전한 대화'에 굶주려 있다.

친구에게 털어놓자니,

"야, 너만 힘드냐?"는 핀잔이 돌아올 것 같다.

부모님께 말하자니, 너무 걱정 끼칠까 죄송하다.

그럼 교회 공동체는?

"기도가 부족해서 그래"라는 훈계를 듣거나,

AI에게 묻고 성령님께 듣다

내 비밀이 소문으로 퍼져 나갈까 봐 입을 닫는다.

실제로 청년부를 할 때, '말씀 나눔'이 피상적일 때가 많았다.

한 청년에게 그 이유를 물었을 때, 대답했다.

"목사님! 조원을 어떻게 믿어요?

지난번에도 제가 했던 나눔들이 결국 소문으로 나더라고요.

그냥 피상적으로 적당히 신앙적인 이야기만 하는 것이 안전해요."

신앙 공동체의 빈틈을 AI가 파고든다.

AI는 내 말을 끊지 않는다.

"네가 잘못했네", "기도가 부족해서 그래"

훈계하지 않는다.

언제나 '대기' 상태로, 무조건 '긍정'을 보낸다.

새벽 1시.

너무도 힘들어 쉽게 잠이 오지 않는 어느 날,

누구도 깨우기 미안한 그 밤에 나를 위해 깨어 있는 존재.

나의 징징거림조차 가장 정중한 언어로 받아주는 존재.

그 '안전함'과 '편리함'이 우리를 화면 앞으로 끌어당긴다.

AI에게 위로받는 것은 죄가 아니다.

그것은 우리가 그만큼 외롭다는 반증일 뿐이다.

하지만 냉정하게 질문해 보아야 한다.

화면 속 그 따뜻한 문장들은 정말 나를 향한 '사랑'일까?

2. AI는 데이터를 '처리'할 뿐, 나를 '수용'하지 못한다

AI가 내놓은 "많이 힘드셨겠어요"라는 문장은,

당신의 아픔을 느껴서 나온 반응이 아니다.

당신이 입력한 텍스트의 문맥을 분석하고,

수백만 건의 대화 데이터 중에서

'가장 위로가 될 확률이 높은 단어'를 배열한

수학적 결과 값이다.

즉, AI는 당신의 슬픔을 '처리'한 것이지,

당신이라는 존재를 '수용'한 것이 아니다.

'처리'와 '수용'은 천지 차이다.

세탁기는 빨래를 완벽하게 처리하지만,

옷에 밴 땀과 눈물의 의미를 이해하지 못한다.

AI에게 묻고 성령님께 듣다

AI는 당신의 우울함을 데이터로 분류하고
가장 위로가 될 만한 문장을 출력해 주지만,
그 문장 뒤에는 '마음'이 없다.

우리가 AI의 위로에 기댈 때 느끼는
묘한 공허함의 정체가 바로 여기에 있다.

문장은 완벽한데, 체온이 없다.
논리는 따뜻한데, 그 뒤에 숨 쉬는 인격이 없다.

그것은 마치 정교하게 만들어진 인형이
"사랑해"라고 말하는 것과 같다.
듣기엔 좋지만, 우리는 안다.
그 사랑 뒤에는 어떤 책임도, 희생도 없음을 말이다.

3. AI는 내 '말'을 이해하지만, 성령님은 내 '마음'을 아신다

AI와 대화하려면 반드시 거쳐야 할 관문이 있다.
바로 '프롬프트', 즉 글을 써야 한다는 것이다.
내 감정을 텍스트로 입력해야만 AI는 비로소 작동한다.

"나 회사 입구에서 넘어지는 실수를 했어. 너무 쪽팔려."

이렇게 명확히 입력하면 AI는 위로를 준다.

하지만 살다 보면, 고통을 말로 풀 수 없을 때가 반드시 온다.

너무 억울해서, 혹은 너무 슬퍼서

단 한 마디도 타이핑할 수 없는 무기력한 밤.

그런 날에 AI는 무용지물이다.

입력값이 없으면 출력값도 없기 때문이다.

AI는 '텍스트'를 이해하는 기계이지,

'침묵'을 읽는 존재가 아니다.

그러나 성령님은 다르다.

우리가 너무 지쳐 단 한 마디의 기도조차 할 수 없을 때,

"성령님…" 하고는 멍하니 앉아 있을 때조차 성령님은 일하신다.

AI는 내가 '한 말'에 반응하지만,

성령님은 내가 '하지 못한 말'까지 들으신다.

AI는 텍스트의 논리를 분석하지만,

성령님은 텍스트 이면에 숨겨진 마음의 동기,

상처의 뿌리, 영혼의 신음까지 꿰뚫어 보신다.

    AI에게 묻고 성령님께 듣다

내가 설명하지 않아도 나를 아시는 분.

데이터를 입력하지 않아도 내 존재의 깊이를 읽어 내시는 분.

우리가 성령님께 나아가야 하는 이유는,

그분만이 나를 온전히 아시기 때문이다.

4. 우리에겐 '함께 아파하는' 성령님이 계시다

뻔한 질문이겠지만, 아내를 잃은 사람의 슬픔,

누가 가장 깊이 위로할 수 있을까?

당연히 아내를 먼저 떠나보낸 경험이 있는 사람이다.

골수암에 걸린 아내,

5년간 투병하다가 사랑하는 아내를 먼저 떠나보냈던

강정훈 목사가 지은 책의 이름은 〈내게 왜 이러세요?〉다.

"왜 나에게 이런 일이 일어나야만 했을까?"

강정훈 목사는 수도 없이 질문했고, 하나님께 섭섭하기도 했다.

하나님을 열심히 믿었는데,

하나님이 이렇게 하실 것이라고는

생각조차 할 수 없었기 때문이다.

주변 사람들로부터 수많은 위로를 받았다.

그런 그가 위로에 대해서 이렇게 말을 하는 구절이 있다.

"남을 위로할 때는 그렇게 쉽게 해서는 안 된다.

타인의 슬픔의 깊이와 넓이와 높이를

헤아릴 수 있을 때 위로해야 한다.

그러기 전까지 위로하는 척하지 말고

그냥 울도록 두어야 한다. 그것이 진정한 위로이다."

AI는 고통을 모른다.

배고파 본 적도,

사랑하는 이를 잃은 적도,

배신당해 본 적도 없다.

고통 데이터는 있지만 고통 경험은 없다.

하지만 주님은 다르시다.

히브리서 기자는 주님을 이렇게 묘사한다.

우리 대제사장은

우리의 연약함을 동정할 수 없는 분이 아니십니다.

오히려 그분은 모든 점에서 우리처럼 시험을 받았습니다.

    AI에게 묻고 성령님께 듣다

여기서 '동정하다(Sympathize)'라는 단어는
헬라어로 '쉼파데오(sympatheo)',
즉 '함께'를 뜻하는 sym과
'고통·감정'을 뜻하는 pathos가 결합된 단어다.

쉽게 말하자면,
성령님은 인간의 연약함을 밖에서 관찰하는 분이 아니라,
함께 느끼고, 함께 아파하는, 동행자가 되셨다는 의미다.

그분은 우리처럼 배고프셨고, 목마르셨고,
친구의 배신과 죽음의 공포를 몸소 겪으셨다.
그래서 성령님의 위로에는 무게가 있다.

AI가 "슬픔을 이해합니다"라고 말할 때
그것은 0과 1의 조합이지만,
성령님이 "내가 너와 함께 있어"라고 말씀하실 때,
그것은 못 박힌 손에서 나오는 피 묻은 고백이다.
거친 십자가의 사랑이다.

5. AI 위로는 '진통제'이고, 성령님의 위로는 '치료제'다

나는 종종 엄마에게 볼멘소리를 한다.

"엄마, 그때 기억나?

내가 초등학교 때 이빨이 너무 아파서

울면서 잠도 못 자고 있던 밤에,

엄마가 '지금은 별수 없으니까 그냥 자'라고 했던 말.

나는 아직도 그날이 너무 서운해."

그땐 정말 어쩔 수 없었다.

야간에 여는 치과 같은 것은 상상도 못 할 시절이었으니.

그럼에도 그때 느꼈던 그 서운함은 여전히 남아 있다.

아파본 사람은 안다.

송곳으로 잇몸을 찌르는 듯한 날카롭고 집요한 고통,

그 고통은 수년이 지나도 뇌리에서 잊히지 않는다.

이가 아프면 어떻게 해야 할까? 당연히 치과에 가야 한다.

하지만 당장 갈 수 없는 밤이라면, 진통제라도 털어 넣어야 한다.

행복 심리학자인 서은국 교수는 그의 저서 〈행복 심리학〉에서

이 상황을 뇌과학적으로 흥미롭게 설명했다.

'치통 때문에 진통제를 먹는 것은 이가 아픈데 반창고는
머리에다 붙이는 격이다. 정말 아픈 곳은 뇌이기 때문이다.'

진통제는 상처 부위를 낫게 하는 게 아니다.
고통 신호를 느끼는 뇌를 잠시 마비시키는 것이다.
몸의 고통이든 마음의 고통이든,
우리 뇌는 똑같은 부위에서 통증을 감지한다.
그래서 마음이 아플 때 타이레놀을 먹으면
실제로 심리적 고통이 줄어든다는 연구 결과도 있다.

나는 이 통찰이 AI 시대를 사는 우리에게
중요한 질문을 던진다고 생각한다.

우리가 외롭고 힘들 때 AI를 찾는 행위가,
바로 이 '진통제'를 삼키는 것과 같다.

마음이 욱신거릴 때 AI가 건네는
"정말 힘드셨겠어요"라는 위로는 즉각적인 효과가 있다.
뇌가 느끼는 외로움의 통증을 일시적으로 마비시켜 주고,
누군가 곁에 있다는 착각을 불러일으켜 마음을 진정시킨다.
이것은 분명 유용하다. 아파서 잠도 못 자는 것보다는 나으니까.

하지만 진통제는 치료제가 아니다.

약효가 떨어지면 통증은 다시 시작된다.

아니, 진통제로 버티는 동안 썩은 환부는

더 깊이 곪아 갈 수도 있다.

우리의 슬픔에는 진통제가 아니라 치료제가 필요하다.

진통제는 약국에 있지만, 치료는 의사에게 받아야 한다.

AI가 당신의 감정을 어루만져 주는 '약사'라면,

성령님은 당신의 환부를 도려내고

새살을 돋게 하시는 '의사'이시다.

6. 그래서 나는 오늘도, 화면 대신 골방으로 간다

인정한다. AI의 위로는 좋다.

빠르고, 안전하고, 나를 판단하지도 않는다.

그래서 앞으로도 마음이 복잡하고 답답할 때면

종종 친구로서 AI에게 말을 걸 것이다.

하지만 이제는 분명한 한계를 안다.

기계는 내 말을 '처리'하지만, 내 마음을 '품지'는 못한다는 것을.

내 깊은 아픔까지 있는 그대로 품어 주시는 분은

오직 성령님뿐이심을.

진통제로 통증이 좀 가라앉았다면,
이제는 자리를 털고 일어나 진짜 의사에게 가야 한다.

화면을 끄고 무릎을 꿇는 그 순간,
비로소 근원적인 치료가 시작되기 때문이다.

그래서 나는 오늘도, 화려한 화면을 끄고
조용한 골방으로 들어간다. 그리고 이렇게 기도한다.

**"성령님, 제 눈물을 아시는 분이시죠?
말로 다 못 할 제 마음을 품어 주세요."**

⊕ 오늘의 묵상

우리 대제사장은 우리의 연약함을 동정할 수 없는 분이 아니십니다. 오히려 그 분은 모든 점에서 우리처럼 시험을 받았습니다. 그러나 죄는 없으셨습니다. (히 4:15, 현대인)

이 말씀을 소리 내어 천천히 세 번만 읽어 보세요.

- '똑같이 시험을 받으신 이'라는 구절이 오늘 당신의 외로움에 어떤 대답을 주나요?

- AI나 사람에게 내 마음을 설명하려다, 오히려 답답함을 느낀 적은 언제였나요?

● 김목사의 짧은 묵상

AI는 당신의 슬픔을 '처리'하지만, 성령님은 당신의 존재를 '수용'하십니다. 화면 속 위로는 잠시 통증을 잊게 하는 '진통제'일 뿐입니다. 오늘, 당신의 상처를 '치료자'이신 성령님의 손에 맡기십시오.

● 김목사의 Tip: '거룩한 환승(Holy Transfer) 4단계'

AI의 위로가 급한 불을 끄는 '진통제'라면, 성령님의 위로는 상처를 아물

AI에게 묻고 성령님께 듣다

게 하는 '치료제'입니다. 진통 효과에 머물지 말고, 치료의 자리로 환승하세요.

1. **[NAME: 이름 붙이기]** 마음이 너무 힘들어 말문이 막힐 때, AI에게 내 상태를 설명하고 '감정의 이름'을 물어보세요. 아픔에 정확한 이름을 붙이는 순간, 막막함은 설명 가능한 고통으로 바뀝니다.

2. **[TURN OFF: 화면 *끄기*]** AI가 답변을 주면 내용을 확인한 뒤, 즉시 화면을 끕니다. 텍스트가 주는 위로를 끊고, 시선을 기계에서 주님께로 돌립니다.

3. **[SHIFT: 주어 바꾸기]** AI가 찾아 준 감정의 단어를 그대로 들고 성령님을 부르세요. "성령님, 방금 AI가 제 마음이 '번아웃'이래요. 성령님은 아시죠?"라고 대화의 상대를 바꿉니다. 이 순간 당신의 슬픔은 데이터에서 인격적인 대화로 넘어갑니다.

4. **[LISTEN: 경청하기]** 이제 눈을 감고 3분간 침묵하세요. 설명은 끝났습니다. 이제는 말하지 말고, 의사이신 성령님께서 말씀하시도록 마음의 자리를 내어 드리세요. 치유는 언제나, 우리가 듣기 시작할 때 일어납니다.

이 짧은 환승은 당신의 슬픔을 데이터로 처리하는 방식에서 인격이 회복되는 치유의 자리로 옮겨 놓을 것입니다.

청년이 묻다) "목사님, 저 진짜 심각한 것 같아요. 힘든 일 생기거나 우울하면 기도보다 AI부터 켜요. 챗봇한테 털어놓으면 1초 만에 위로해 주니까 속은 시원한데… 막상 끄고 나면 스스로 좀 웃기다는 생각도 들고, 때론 죄책감도 들어요. 저 신앙에 문제 있는 걸까요?"

김목사가 대답하다) 에이, 죄책감이라니요! 아주 솔직해서 마음에 쏙 드는 질문이네요. 결론부터 말하자면, **죄책감을 가질 필요가 전혀 없습니다.**

배가 너무 고파서 쓰러질 것 같을 때, 밥 짓는 시간 못 기다리고 컵라면 하나 뜯어 먹었다고 해서 "나는 쌀을 배신했어!" 하고 자책하나요? 안 하죠. 지금 청년의 행동은 '영적인 배고픔', 즉 당장 누가 내 편 좀 들어줬으면 하는 외로움의 신호예요. AI는 그 급한 허기를 3분 만에 채워 주는 편의점 컵라면 같은 존재죠. 빠르고, 간편하고, MSG 팍팍 쳐서 입맛에 딱 맞게 위로해 주니까요.

하지만 우리가 딱 하나 기억해야 할 건, 컵라면이 '주식'이 될 순 없어요. 어쩌다 한 번은 별미지만, 1년 365일 삼시 세끼 라면만 먹으면 어떻게 되죠? 몸 상하고 얼굴 누렇게 뜹니다. 영혼도 똑같아요. '알고리즘이 주는 MSG 위로'에만 중독되면, 영혼이 점점 허약해져요.

C.S. 루이스 형님이 〈스크루테이프의 편지〉에서 기가 막힌 말을 했어요. **악마가 인간을 무너뜨리는 가장 세련된 방법은 '진짜' 대신 '대용품'을 던져주는 것**이라고요. AI는 완벽한 '공감의 대용품'입니다. 내 비위를 기가 막히게 맞춰 주고, 싫은 소리 한마디 안 합니다. "네가 다 맞아. 그럴 수 있어. 세상이 나빠." 얼마나 달콤합니까?

그런데 **'진짜 사랑'은 듣기 좋은 말만 하는 게 아니에요.** 부모님 잔소리가 왜 사랑인가요? 내가 잘못된 길로 가면 화도 내고, 등짝 스매싱도 날리면서 끝까지 포기하지 않으니까 사랑인 겁니다. 성령님도 마찬가지예요. 때로는 침묵하시고, 때로는 아픈 찔림을 주시며 우리를 '성장'시키십니다. **AI는 '기분'을 맞춰 주지만, 성령님은 '생명'을 살리십니다.**

그러니 이렇게 합시다. AI에게 위로받는 거? OK! 대신 '컵라면' 먹고 끝내지 말고, 그걸 에피타이저로 쓰세요. AI에게 받은 위로 텍스트를 그대로 복사(Ctrl+C)해서, 눈을 감고 성령님께 붙여넣기(Ctrl+V) 하세요.

> "성령님, 기계도 저한테 이렇게 다정한데…
> 진짜 저를 만드신 성령님은 저를 얼마나 사랑하시는 거예요?
> 저 지금 컵라면 하나 먹었는데, 아직 배고파요. 따뜻한 집밥 좀 주세요."

그렇게 기도할 때 찾아오는 침묵은, 예전 같은 공허함이 아닐 겁니다. 부

엌에서 밥 짓는 엄마의 소리 같은, 따뜻한 임재가 느껴질 거예요. 인스턴
트 위로 말고, 성령님이 차려주시는 따뜻한 집밥 먹고 영혼이 포동포동
건강해지기를 응원합니다. (가끔 급할 땐 컵라면도 드세요. 대신 거기에
만 머물지는 말고요!) 화이팅!

주변의 소음을 끄고,
그분의 음성을 켜다

"성과가 없어도 괜찮아,
너는 이미 나의 걸작품이란다"

· 혹시 요즘 나 자신을 '성과'나 '숫자'로만 평가하고 있지는 않나요?

· AI와 타인의 속도에 비교하며 "나는 왜 이렇게 부족할까?"라고 자책한 적이 있나요?

1. 우리는 쉬는 것조차 두려워하는 세대다

불안.

요즘 청년들을 만나면 가장 많이 듣는 단어다.

그들은 무언가를 하고 있지 않으면 죄책감이 든다고 말한다.

당신도 그렇지 않은가.

유튜브를 2배속으로 보고,

밥을 먹으면서도 강의를 듣고,

멍하니 있는 시간을 낭비라고 여기며

괜히 마음이 조급해지지는 않는가.

2022년, 일본 저널리스트 이나다 도요시의 책

〈영화를 빨리 감기로 보는 사람들〉은

이런 세대를 이렇게 요약한다.

"가장 빨리, 가장 많이, 가장 효율적으로."

이런 세상에서 살아남기 위해 청년들이 선택한 전략은

'빨리 감기, 건너뛰기, 몰아보기'다.

누군가 우리 영혼의 주소를 물으면 이렇게 대답할지도 모르겠다.

"저는 빨리 감기시(市), 건너뛰기구(區), 몰아보기동(洞)에 살아요."

우리에게 멈춤은 곧 도태다.

AI와 세상은 끊임없이 속삭인다.

"네가 자는 사이에도 경쟁자들은 성장하고 있어."

"지금 멈추면 다시는 따라잡을 수 없어."

이 거대한 공포 마케팅 속에서,

우리는 가속 페달에서 발 떼는 법을 잊어버렸다.

쉬고 싶지만 쉴 수 없는, 가속 중독의 시대.

이것이 오늘 우리의 서글픈 자화상이다.

2. 정보의 홍수 속에서 '내면의 길'을 잃다

얼마 전, 한 청년이 답답하다는 듯 털어놓았다.

"목사님, 저는 제가 생각이 꽤 많은 줄 알았거든요?

그런데 막상 폰을 끄고 가만히 있어 보니까…

무슨 생각부터 해야 할지 모르겠더라고요."

그 말이 내 마음에 오래도록 남았다.

단지 한 청년만의 문제는 아니었기 때문이다.

우리는 생각이 없는 것이 아니다.

너무 많은 외부의 소리에 압도당해,

정작 '생각할 여백'을 빼앗긴 채 살아가고 있다.

노벨문학상 수상 작가 T.S. 엘리엇은 이미 오래전에

이 시대를 꿰뚫는 질문을 던졌다.

"지식 속에서 우리가 잃어버린 지혜는 어디에 있으며,

정보 속에서 우리가 잃어버린 지식은 어디에 있는가?"

지식은 쌓였지만, 지혜는 얇아졌다.

정보는 넘치지만, 삶의 무게는 가벼워졌다.

정보는 외부의 소리일 뿐,

내 존재의 중심까지 닿지 않기 때문이다.

그런데 우리가 온종일 들여다보는

이 막대한 정보의 정체는 과연 무엇일까?

냉정하게 보면, 우리가 소비하는 정보의 대부분은

지식이라기보다는 '편집된 타인의 삶'에 가깝다.

우리는 스마트폰을 통해

남이 무엇을 먹었는지,

얼마를 벌었는지, 어떻게 성공했는지를 보고 있다.

그렇게 타인의 정보로 내 시간을 채우다 보니,

내 인생은 점점 구경꾼의 자리로 밀려난다.

남의 성공담에 조급해하고,

남의 실패담으로 위로를 받으면서,

남의 이야기로 내 인생을 채우려 한다.

더 무서운 건, 이런 습관이

신앙의 영역까지 파고든다는 사실이다.

우리는 누군가가 정리해 둔 성령님에 대한 설명을 읽고,

그것을 내가 실제로 만난 성령님으로 착각해 버린다.

남이 먹은 밥 사진을 본다고 내가 배부르지 않듯,

남이 만난 성령님의 정보가 아무리 많아도

내 영혼은 채워지지 않는다.

그렇게 스크롤이 멈추지 않는 동안,

마음은 점점 질문을 잃어 간다.

알고 있는 것은 많은데,

정작 "이게 내 삶에서 무슨 의미인지" 묻고,

붙들고, 씨름할 '영적 여백'은 점점 사라졌다.

질문을 품고 머무를 공간과 시간,

침묵이 우리 일상에서 자취를 감췄다.

그래서 우리는 가장 단순하지만,

인생을 바꾸는 이 한 문장을 꺼내기조차 어려워졌다.

"성령님이라면, 지금 이 순간 어떻게 하셨을까?"

3. 내가 낸 '성과'가 곧 '나'는 아니다

세상은 묻는다.

"그래서, 너는 무엇을 이루었니?"

연봉, 팔로워, 프로젝트의 성공 여부.

AI의 세계는 철저히 성과로 평가된다.

정확하지 않은 답변, 기대에 못 미치는 결과는

곧바로 수정되거나 삭제된다.

AI에게 중요한 것은 과정이 아니다.

존재도 아니다.

오직 화면에 출력되는 '결과 값'이다.

하지만 성령님이 우리를 대하는 방식은 다르다.

나는 설교 중에 종종 빳빳한 5만 원짜리 지폐를 꺼내 든다.

"여러분, 이 돈 가지고 싶죠?"

청년들의 고개가 끄덕여지는 순간,

나는 지폐를 구기고, 바닥에 떨어뜨리고, 발로 밟는다.

"이제 더러워졌습니다. 그래도 갖고 싶나요?"

청년들은 망설이지 않는다.

"네. 주세요."

누군가는 웃으며 손을 내민다.

왜 손을 내밀까? 이유는 간단하다.

지폐의 상태는 변했지만, 가치는 변하지 않았기 때문이다.

성과는 우리가 잠시 걸친 외투일 뿐이다.

때로는 화려할 수도, 때로는 낡고 초라할 수도 있다.

문제는 우리가 그 외투를

AI에게 묻고 성령님께 듣다

어느새 '나 자신'이라 착각하는 데 있다.

기억하자.

옷에 흙탕물이 튀었다고 해서,

그 옷을 입은 사람의 가치까지 더러워지는 것은 아니다.

성령님은 네가 쥔 성공의 성적표를 사랑하시는 게 아니다.

그 성적표 앞에서 떨고 있는 '너'라는 존재를 사랑하신다.

세상의 성과는 변하고 사라지지만,

성령님이 붙드시는 너의 가치는 영원히 변하지 않는다.

4. 나의 실수는 '오류'가 아니라, 아름다운 '재료'다

AI의 세계에서 실수는 명백한 오류다.

디버깅을 통해 반드시 제거해야 할 대상이다.

내가 만난 청년들 역시 자신의 실수를 인생의 '결함'처럼 여겼다.

"목사님! 그때 그런 말을 하지 말걸 그랬어요."

"그 선택만 아니었으면 지금과는 달랐을 텐데요."

그러나 성령님의 시선은 다르다.

우리의 실수들은 삭제해야 할 오류가 아니라,

우리를 빚어 가는 소중하고 아름다운 재료에 가깝다.

이규현 목사님은 〈설교를 말하다〉에서 이런 표현을 했다.

"복음이 살아 있는 교회는 실수를 해도 괜찮습니다.

다음에 잘하면 된다고 격려해 주며 다시 시작하도록 도와줍니다."

성경을 보라.

모세는 살인을 저질렀고,

다윗은 간음했으며,

베드로는 가장 결정적인 순간에 예수님을 부인했다.

이들은 모두,

인생의 가장 중요한 순간에 실패한 사람들이었다.

그들의 실수는 사소한 실수가 아니라,

인생의 방향을 바꿀 만큼 치명적인 실패였다.

AI가 설계했다면 치명적 결함으로 분류되어 폐기되었을 인생들이다.

그러나 성령님은 그들을 버리지 않으셨다.

오히려 그 실패를 통과시켜

모세를 리더로, 다윗을 왕으로, 베드로를 교회의 기둥으로 빚으셨다.

그럼에도 우리는 자주,
실수 앞에서 스스로를 이렇게 몰아세운다.
"실수하지 않아야 괜찮은 존재가 될 수 있다."

그러나 성령님은 다르게 말씀하신다.
"너는 실수해도 괜찮아.
그 모든 과정이 합력하여 선을 이룰 테니까."

실수는 끝이 아니다.
성령님의 손에 들릴 때,
그것은 가장 깊은 성숙을 빚어내는 재료가 된다.

5. 성령님은 말씀하신다. "두려워 말아"

성경에서 가장 많이 나오는 말씀은 무엇일까.
잘 알려진 이야기처럼,
그것은 **"두려워하지 말라"**는 말이다. 약 365번.

이것은 1년 365일,

하루도 빠짐없이 매일 이 말씀을 붙들고 살라는

성령님의 뜻이 아닐까.

그런데 솔직히 말하면,

나는 365번으로도 부족하다.

하루에도 수십 번씩,

미래를 떠올리며 겁을 먹기 때문이다.

노희송 목사님의 〈빈배〉에는 이런 구절이 있다.

"성경에서 가장 많이 나오는 명령은 '사랑하라, 섬기라'가 아니다.

바로 '두려워 말라'다.

두려움이 우리로 하여금 하나님의 말씀과 뜻대로

살지 못하게 하는 가장 큰 장애물이기 때문이다."

AI 시대, 우리는 도태될까 봐 두렵고, 대체될까 봐 불안하다.

미래에 대한 공포가 우리를 재촉한다.

그럴 때마다 나는 이사야 선지자처럼 이 말씀을 붙잡곤 한다.

이스라엘아, 너를 창조하신 여호와께서 말씀하신다.

"너는 두려워하지 말아라. 내가 너를 구원하였고

내가 너를 지명하여 불렀으니 너는 내 것이다." (사 43:1, 현대인)

이 말씀은 노력하라는 명령이 아니다.
용기를 내라는 격려도 아니다.

우리가 목숨 걸고 붙잡아야 할 선언이다.
"너는 내 것이다."

이 문장들 사이에는 어떤 조건도 없다.
성과도, 결과도, 증명도 필요 없다.

성령님은 잘했으니 내 것이라 말씀하지 않으신다.
끝까지 버텼으니 내 것이라고 하지 않으신다.
우리가 그분의 소유가 된 이유는,
그분이 우리를 '지명하여 불렀기' 때문이다.

성과가 없어서 두려울 수 있다.
멈춰 있는 것 같아 불안할 수 있다.
그때, 성령님은 우리에게 조용히 말씀하신다.

6. "너는 이미 최고의 걸작품이야"

공산품은 철저히 기능으로 평가받는다.

성능이 떨어지면 교체되거나 폐기된다.

우리가 AI 앞에서 혹은 세상 앞에서 자꾸 작아지는 이유는,

무의식중에 자신을 '기능하는 공산품'으로 여기기 때문이다.

하지만 걸작품은 다르다.

기능을 묻지 않는다.

박물관에 걸린 반 고흐의 그림 앞에서

"저 그림의 기능은 뭐죠? 가격 값은 하나요?"라고

묻는 사람은 없다.

작가의 혼이 담긴 작품이기에,

그저 존재하는 것만으로 사람들은 감탄한다.

성령님은 오늘 우리에게 이렇게 말씀하신다.

"너는 공산품이 아니란다.

내가 십자가에서 피로 값을 치러 산,

세상에 하나뿐인 걸작품이란다."

우리가 스스로를 '실패작'이라고 부르며 낙심하는 순간에도,

작가이신 하나님은 여전히 '걸작'이라 부르신다.

이제 세상의 채점표를 잠시 내려놓자.

AI가 보여주는 완벽한 기준도 잠시 꺼 두자.

"나는 부족해"라는 말이 목구멍까지 차오를 때,
이렇게 고쳐 말해보면 좋겠다.

"그래도 성령님은 나를 걸작품이라 하신다."

힘들어하는 청년에게 꼭 해 주고 싶은 말이 있다.
이규현 목사님의 문장을 빌려 나의 진심을 전해 본다.

"하나님 없이 고통당하면 고통이 깊어져 병이 되지만
하나님 안에서 당하는 고통은 병이 아니라 별이 됩니다.
고통이 아름답게 자랍니다.
그리하여 고통은 기적이 되고, 위대한 작품이 되고,
축복이 됩니다."
_〈이겨낼 힘, 견뎌낼 은혜〉 중.

솔직히 고백하자면, 나도 아직은 '고통이 아름답게 자란다'는 말이
100% 마음에 와닿지는 않는다.
인간이기에 가능하면 고통을 피하고 싶기도 하다.
그러나 이것 하나만큼은 확실하다.

지금의 나와 너는 미완성이라서 불안한 존재가 아니다.

지금의 우리는 이미 성령님의 손에 붙들린

반짝이는 별이다.

최고의 걸작품으로 자라 가는 중이다.

AI에게 묻고 성령님께 듣다

이스라엘아, 너를 창조하신 여호와께서 말씀하신다. "너는 두려워하지 말아라. 내가 너를 구원하였고 내가 너를 지명하여 불렀으니 너는 내 것이다" (사 43:1, 현대인)

이 말씀을 소리 내어 천천히 세 번만 읽어 보세요.
- 내가 나를 불량품 취급했던 순간은 언제였나요?

- "너는 내 것이라"는 성령님의 선언이 성과에 목마른 내 마음에 어떤 자유를 주나요?

● **김목사의 짧은 묵상**

AI는 당신을 데이터로 분류하지만, 성령님은 당신을 이름으로 부르십니다. 당신은 존재 자체로 빛나는 성령님의 걸작품입니다. 위대한 작가의 서명이 새겨진 당신, 오늘 그 가치를 의심하지 마세요.

● **김목사의 Tip: '거울 속의 하이파이브(Mirror High-five) 4단계'**

자존감이 바닥을 치고 스스로가 한없이 작게만 느껴질 때, 딱 30초만 투자해 이 4단계를 실천하세요.

1. **[FACE: 마주하세요]** 거울 앞에 서서 피하지 말고 내 눈을 똑바로 응시하십시오. 나를 직면하는 것이 회복의 첫걸음입니다.

2. **[TOUCH: 터치하세요]** 거울 속의 나에게 손바닥을 갖다 대십시오. 마치 가장 친한 친구에게 하이파이브를 건네듯 나와 연결되는 순간입니다.

3. **[DECLARE: 선포하세요]** 내 이름을 부르며 소리 내어 말해 주십시오. "OO야, 성과가 없어도 괜찮아. 성령님이 너를 지명하셨어. 너는 최고의 걸작품이야."

4. **[SMILE: 웃으세요]** 억지로라도 입꼬리를 올리고 활짝 웃으며 돌아서십시오. 이 작은 미소가 뇌에 강력한 긍정 신호를 보냅니다.

세상의 평가에 주눅 들지 말고 어깨를 펴십시오. 당신은 그 누구와도 비교할 수 없는 성령님의 '유일한 걸작품'입니다.

끝으로, 청년의 질문과 김목사의 대답

청년이 묻다) "목사님! 존재만으로 충분하다는 말은 좋은데 현실은 냉혹하잖아요. 실적 못 내면 잘리는데, 그냥 '난 성령님의 것이야'만 외치고 있어도 되는 건가요? 솔직히 현실 도피처럼 느껴져요."

김목사가 대답하다) 맞아요. 뼈를 때리는 질문이네요. 회사 부장님이 "김 대리, 이번 실적 왜 이래?" 하시는데, 눈을 반짝이면서 "부장님, 실적은 없

AI에게 묻고 성령님께 듣다

지만 저는 성령님의 걸작품입니다!"라고 하면… 아마 그날 책상 빼고, 진짜 성령님의 품으로 직행할 수도 있겠죠. (웃음)

그래서 중요한 게 **역할의 분리**입니다. 일터에서는 분명히 감당해야 할 역할이 있습니다. 그 역할을 가볍게 대하면 안 됩니다. 실력을 키우고, 책임을 지고, 필요하면 AI도 배우고, GPT도 연구해서 써먹어야 합니다. 제가 굳이 이 책 제목에 'AI'를 넣은 것도 같은 이유예요. 배워야 살 수 있어요!

하지만 명심할 게 있어요. **'내 역할'과 '나의 정체성'은 절대로 섞이면 안 됩니다.**

일하다 보면 누구나 실패할 수 있어요. 프로젝트가 폭삭 망할 수도 있고, 고과에서 'C'를 받을 수도 있어요. 그때 '역할'과 '정체성'이 붙어 있는 사람은 "아, 내 인생 망했다. 난 쓰레기야." 하고 무너집니다. '성과 = 나'라고 믿으니까요.

하지만 분리가 된 사람은 다릅니다. "그래, 이번 일은 시원하게 말아먹었네. 반성하고 다시 하자. **일이 실패한 거지, 내가 실패작이 된 건 아니잖아?**" 이렇게 툭 털고 일어납니다. (저도 정말 이런 사람이 되고 싶습니다) 이게 진짜 실력이고, 영적인 회복탄력성입니다.

이왕 말 나온 김에 AI 이야기도 좀 얹어 볼까요? AI는 거의 매달 업그레이드되잖아요. 그걸 보면서 우리도 무의식중에 자신을 계속 업데이트해야 하는 상품으로 취급을 해요. '쟤는 버전 5.0인데, 나는 아직도 2.0이네…' 하면서요.

그런데 기억하세요. AI는 도구고, 우리는 주인입니다. 세탁기가 빨래 더 잘한다고 세탁기를 질투하는 사람 있나요? 없잖아요. AI가 일을 좀 더 잘한다고 해서 여러분의 가치가 떨어지는 게 아닙니다. 오히려 "나는 성령님의 걸작품이다"라는 자존감이 꽉 찬 사람이 AI도 기가 막히게 잘 부려 먹습니다. 도구 앞에서 쫄지 않으니까요.

걸작품이라는 정체성, 이거 일종의 '티타늄 멘탈 갑옷'입니다. 생각해 보세요. 갑옷은 도망칠 때 입는 게 아니잖아요? 화살이 빗발치는 전쟁터에서 "앗, 따거! 근데 나 안 죽어!" 하고 다시 툴툴 털고 싸우려고 입는 겁니다. 그러니 **걸작품이라는 든든한 갑옷 입고, 마음 놓고 깨지고 성장하세요. 실패해도 오뚝이처럼 다시 일어나는 사람이 결국 끝까지 가는 법입니다.** (주의: 시중에 파는 짝퉁 갑옷은 충격 흡수가 안 됩니다. 말씀으로 된 정품을 입으세요!) 화이팅!

"두려워 말고 멈추렴,
내가 너의 쉼이 되어 줄게"

❓ 오늘의 질문

· 요즘 당신을 잠 못 들게 하는 가장 큰 두려움은 무엇인가요?

· 최근에 "아, 정말 잘 쉬었다"라고 영혼 깊이 느껴 본 적은 언제였나요?

1. 우리의 마음은 '망(忙)'했다

하루 종일 쉼 없이 알림이 울린다.

단톡방의 숫자는 줄어들 줄 모르고,

해야 할 일은 왜 이리 끝이 없는지 모르겠다.

만나는 청년마다 표정이 비슷하다.

"목사님! 오래 쉬면 죄책감 들어요."

"가만히 있으면 저만 도태되는 것 같아서 무서워요."

그 틈을 타 AI가 속삭인다.

"당신의 시간을 더 효율적으로 쓰는 10가지 방법을 알려 줄게요."

"남들보다 앞서가려면 바로 지금이 기회입니다."

그래서 우리는 달린다.

이미 지쳐 있음에도 달리고,

방향이 어디인지도 모르면서 멈추지 않는다.

그저 바쁨을 갑옷처럼 두르고 산다.

일본의 심리상담사인 네모토 히로유키는

〈나를 내려놓으니 내가 좋아졌다〉에서 이런 말을 했다.

AI에게 묻고 성령님께 듣다

"**바쁘다**를 뜻하는 **한자 망(忙)**은

마음 심(心)에 잃을 망(亡)자를 쓴다.

한자 그대로 풀이하면 **마음을 잃어버린 상태,**

혹은 마음이 죽은 상태다."

우리가 입버릇처럼 말하는 망했다는 말,

어쩌면 그것은 농담이 아니라 뼈아픈 진실일지도 모른다.

너무 바빠서,

우리의 마음이 정말로 망(忙)해 버린 건 아닐까.

우리의 마음이 죽은 건 아닐까.

2. AI는 시간을 아껴 주지만, 쉼을 주지는 못한다

AI의 제안은 달콤하다.

"이 툴을 쓰면 2시간을 절약할 수 있어요."

"이 루틴을 유지하면 생산성이 150% 올라갑니다."

솔깃하다. 그래! 바로 이 맛이지!

이 맛에 중독되어 나 역시 AI 유료 구독을 3개나 하고 있다.

매달 결제 문자가 '띵동' 울릴 때마다 속이 좀 쓰리긴 하다.

(이걸 다 합치면 치킨이 몇 마리인가…)

하지만 어쩌겠는가. 비싼 만큼 돈값을 확실히 하는걸.

나는 비싼 돈을 내서라도 시간을 사고,

그 시간에 좀 쉬고 싶었다.

그런데 여기서 소름 돋는 '평행이론'이 하나 있다.

바로 '세탁기의 역설'이다.

세탁기와 청소기가 처음 등장했을 때, 인류는 환호했다.

"이제 기계가 노동을 대신해 주니, 인간에겐 여유가 생길 거야."

"사랑하는 가족들과 대화할 수 있는 시간이 생길 거야."

결과는 어떠했을까?

우리는 그 여유를 가족과 누리지 못했다.

오히려 기계가 벌어준 그 시간의 여백을,

더 많은 노동과 더 높은 기준으로 빽빽하게 메워 버렸다.

AI를 사용하는 현대도 비슷하다.

업무 속도는 확실히 빨라졌는데,

정작 우리의 퇴근 시간은 빨라지지 않았다.

AI가 벌어준 그 빈 시간의 여백에,

우리는 또 다른 '생산성'을 꾹꾹 눌러 담고 있다.

이쯤 되면 아이러니하다.

기계는 날마다 '스마트'해지는데,

정작 사람은 날마다 더 '고단'해지고 있으니.

AI는 효율을 극대화할 뿐, 안식을 알지 못한다.

기계에게는 '전원 꺼짐(Off)'은 있어도 '쉼(Rest)'은 없다.

그러니 AI에게서 쉼의 방법을 찾으려 하지 마라.

그것은 더 빨리 달리는 법만 알려 줄 뿐,

멈춰 서서 숨 고르는, 진정한 방법은 알려 주지 못한다.

3. 멈춤은 '포기'가 아니라 최고의 믿음이다

우리는 멈춤을 포기라고 오해한다.

세상도 그렇게 말한다.

"지금은 멈출 때가 아니야. 멈추면 뒤처져."

하지만 진짜 고수들의 생각은 정반대다.

빌 게이츠조차 1년에 두 번,

모든 걸 내려놓고 생각 주간을 갖는다.

세상에서 최고로 바쁜 사람이 선택한 성공의 비결은

'광속 질주'가 아니라 '깊은 멈춤'이었다.

솔직하게 고백하자면 나는 욕심쟁이다.

하고 싶은 게 너무 많아 늘 일을 벌인다.

파트 사역을 하면서 직장도 다닌다.

초보 작가로 글을 쓰면서,

틈틈이 스쿠버다이빙 강사로도 활동한다.

그 와중에 박사 학위 논문까지 쓰고 있다.

바쁜 걸로 치면 어디 가서 명함 좀 내밀 만하다.

그러다 보니 늘 마음이 앞선다.

하고 싶은 일은 많은데,

정작 몸과 마음의 내구성은 그 속도를 따라오지 못해

자주 방전되고 만다.

그럴 때마다,

'내가 너무 많은 걸 붙잡고 있구나'라는 생각이 든다.

그때마다 주문처럼 마음에 되새기는 문장이 하나 있다.

중국 내지 선교의 아버지, 허드슨 테일러의 말이다.

"우리가 일하면 우리가 일하는 것이지만,

우리가 기도하면 하나님이 일하신다.”

(When we work, we work. When we pray, God works.)

나는 이 말속에서 '영적 멈춤'의 본질을 배웠다.

손을 놓아야 성령님이 움직이신다.

인생을 내가 책임져야 한다는 생각에,

무너질까 두려워 하얗게 질린 손으로 꽉 쥐고 있던 그 핸들,

그 핸들을 내려놓는 순간.

"성령님, 이제 주님이 운전해 주세요."

이 고백이 터져 나올 때, 비로소 진짜 역사가 시작된다.

영적인 원리는 냉정하리만큼 분명하다.

내가 일하면 성령님이 쉬시고,

내가 멈추어 기도하면 성령님이 일하신다.

불안함 속에서 방향 없이 달리는 것을 멈추어야 한다.

과감한 멈춤으로 성령님의 일하심을 지켜보는 것.

이것이 가장 역동적인 믿음의 행위다.

4. 홍해 앞에서 필요한 건 '속도'가 아니라 '멈춤'이었다

주일학교에 다니던 어린 시절,

내가 가장 기다리던 시간은 간식 시간이 아니었다.

매달 마지막 주, 2부 활동으로 틀어 주는 성경 만화 시간이었다.

혹시 〈슈퍼북〉이라는 성경 만화를 본 적 있을까?

(나는 지금도 그 인트로 노래가 귀에 맴돈다.)

개인적으로 가장 손에 땀을 쥐며 봤던 에피소드는

단연 '홍해의 기적'이었다.

어릴 땐, 그저 파도가 벽처럼 서는 장면이 신기하고 통쾌했다.

하지만 어른이 되어 현실의 무게를 알고 난 뒤 다시 읽은

출애굽기 14장은 숨이 턱 막히는 생존 이야기 그 자체였다.

상황은 그야말로 **진퇴양난(進退兩難)**.

감정을 담아 보자. 앞에는 시퍼런 홍해가 넘실거리고 있다.

뒤에는 최신 무기로 무장한 이집트 전차 부대가

흙먼지를 일으키며 맹렬하게 쫓아오고 있다.

어쩌면 이 장면은 오늘 우리의 이야기일지도 모른다.

앞을 보자니 취업, 결혼, 내 집 마련이라는 거대한 파도가

"너는 못 지나가"라며 길을 막고 있다.

뒤를 돌아보니 나보다 스펙 좋은 경쟁자들과,

학자금 대출이라는 전차 부대가 나를 쫓아온다.

도망칠 곳도, 숨을 곳도 없다.

우리는 이걸 세 글자로 줄여 부른다.

이. 생. 망 (이번 생은 망했다)

잠시 이런 상상을 해 보자.

만약 그 절체절명의 상황에서, 타임머신을 타고 가서

최신 AI에게 "어떻게 해야 살 수 있니"라고 물었다면

뭐라고 답했을까?

실제로 입력해 보니, AI는 아주 냉정한 분석을 내놓았다.

[AI 솔루션]

① 상황분석: 생존확률 1% 미만. 전면전 불가능.

② 행동지침: 감정을 배제하고 버려도 되는 것부터 버리고 몸을 피하기.

③ 최종조언: 지금 필요한 건 용기가 아니라 냉정함.

믿음보다 현실적인 생존(항복하거나 헤엄)을 택하기.

이게 세상의 계산이다.

헤엄치다가 죽거나, 항복해서 노예가 되거나.

계산된 데이터로는, 둘 다 절망적이긴 매한가지다.

그런데 바로 그 순간.

가장 급박하게 움직여야 할 그분이,

도저히 이해하기 어려운 명령을 하신다.

"STOP"

빨리 도망쳐라도 아니고, 죽기 살기로 싸우라도 아니다.

"가만히 있어". 즉, **멈추라**는 것이다.

도대체 왜 그러실까.

5. 성령님은 말씀하신다. "가만히 있어(얼음!), 내가 싸울 테니(땡!)"

STOP.

상식적으로는 미친 짓이다.

가만히 있으면 전차 바퀴에 깔려 죽을 판인데 서 있으라니.

도무지 이해가 되지 않는다.

솔직히 자문해 본다. '나라면 과연 멈출 수 있었을까?'

자신 있게 "네"라고 대답할 수가 없다.

하지만 하나님은 아셨다.

지금 이 순간은 인간의 속도로 빠져나갈 수 있는 상황이 아님을.

사람이 발버둥 칠수록 물에 빠지거나 칼에 찔릴 뿐임을.

홍해라는 거대한 절망은,

인간의 노력이 멈추고

하나님이 개입이 시작되어야만 열리는 문이었다.

그래서 하나님은 그토록 다급하게 말씀하신 것이다.

"애야, 제발 그 발버둥을 멈춰라. 그래야 내가 일할 수 있단다."

모세가 백성들에게 외친 말을 보라.

"여러분은 두려워하지 말고 가만히 서서

오늘 여호와께서 여러분을 구하기 위해 행하시는 일을 보십시오.

여러분이 오늘 보는 이 이집트 사람들을

다시는 보지 못할 것입니다." (출 14:14, 현대인)

나는 이 구절을 읽을 때마다,

어릴 적 골목길에서 하던 '얼음 땡' 놀이가 생각난다.

무서운 술래(이집트 군대)가 코앞까지 쫓아왔다.

도망칠 힘도 없고, 앞에는 벽이다. 잡히면 끝이다.

그 절체절명의 순간에 살 수 있는 유일한 방법은 하나다.

"얼음!" 하고 그 자리에 멈추어 서는 것이다.

그때부터 나는 스스로 움직일 수 없는 존재가 된다.

누군가가 나를 위해 위험을 무릅쓰고 달려와 "땡" 하기 전까지는.

출애굽기 14장의 상황이 딱 그렇다.

하나님은 지금 우리에게 "얼음!"을 외치라고 하신다.

"네 힘으로 할 수 없어. 나에게 맡기고 멈춰 서라"는 것이다.

우리가 두려움 앞에 얼음하고 멈춰 설 때,

바로 그때 우리의 구원자이신 하나님이

맹렬하게 일하기 시작하신다.

나를 잡으러 오는 술래들을 막아 세우시고,

홍해를 가르시며 다가와 마침내,

나에게 외치신다.

"땡!"

   AI에게 묻고 성령님께 듣다

그 순간 비로소 자유가 시작된다.

6. 그래서 나는 오늘도, 일부러 멈추는 연습을 한다

우리는 이미, 아프게 경험했을지도 모른다.

우리 인생 앞에 놓인 홍해.

그 막막한 문제들은 우리가 발버둥 친다고 해결될 일이 아니다.

AI가 가르쳐 준 방법으로는 건널 수 없는 바다다.

오직 우리가 멈추고, 하나님이 터치하실 때

기적처럼 길이 열린다.

가만히 있으면 뒤처질 것 같은 그 두려움에.

나 역시 그 재촉을 거절하기로 매일 다짐한다.

어릴 적, 시골집 마당의 대나무를 보면 참 신기했다.

가느다란 대나무가 태풍이 불어도 부러지지 않고,

어떻게 저토록 하늘 높이 똑바로 자랄 수 있을까?

먼 훗날, 지식생태학자 유영만 교수의 〈내려가는 연습〉을 읽다가

그 대답을 찾았다. 바로 '마디'였다.

"줄기 중간중간을 마디들이 끊어 주기 때문에 곧게 자랄 수 있다.

대나무의 마디는 '멈춤의 지혜'를 담고 있다.

잠시 멈춰 성찰한 다음에 힘을 내어 성장한다.

대나무는 그래서 성장하며 성숙한다."

그렇다. 대나무는 그저 빨리 자라기만 하는 나무가 아니다.

중간중간 멈추어서 매듭을 짓는다.

마디,

그 멈춤의 시간이 대나무를 단단하게 만들고,

그 시간이 대나무가 더 높이 자라 갈 힘을 준다.

이 깨달음을 얻은 뒤,

나는 종종 의도적으로 할 일을 멈춘다.

과감하게 노트북을 덮고, 스마트폰을 뒤집어 놓는다.

이것은 게으름이 아니다.

내 인생에 거룩한 마디를 만드는 시간이다.

"성령님이 내 인생을 책임지신다"는 강력한 믿음의 선포다.

이것만은 마음에 남았으면 한다.

우리의 멈춤이 곧 성령님의 시작이다.

내가 손을 놓은 그 지점에서, 성령님이 나를 대신해

가장 치열하게 싸우기 시작하신다.

그분은 늘 우리에게 부드럽게 말씀하신다.

"두려워 말고 멈추렴. 내가 너의 쉼이 되어 줄게."

모세가 백성들에게 외친 말을 보라. "여러분은 두려워하지 말고 가만히 서서 오늘 여호와께서 여러분을 구하기 위해 행하시는 일을 보십시오. 여러분이 오늘 보는 이 이집트 사람들을 다시는 보지 못할 것입니다." (출 14:14, 현대인)

이 말씀을 소리 내어 천천히 세 번만 읽어 보세요.

- 내가 불안해서 끝까지 꽉 쥐고 있는 '내 인생의 주도권'은 무엇인가요?

- "가만히 있어"라는 명령이 나에게는 불안으로 다가오나요, 아니면 해방감으로 다가오나요?

● 김목사의 짧은 묵상

멈춤은 포기가 아니라, 내가 쥐고 있던 핸들을 성령님께 내어드리는 믿음의 행위입니다. 두려워 마십시오. 당신이 손을 놓을 때, 하나님은 당신을 위해 가장 치열하게 싸우기 시작하십니다.

● 김목사의 Tip: '디지털 안식(Digital Sabbath) 3단계'

뇌의 열기를 식히고 무뎌진 영혼의 감각을 깨우는 구체적인 실천 가이드입니다.

1. **[차단] 끄세요.** 하루 중 가장 지치는 시간(퇴근길, 취침 전), 스마트폰을 '방해 금지'로 설정하십시오. 세상의 알림 소리를 꺼야, 비로소 하늘의 알림 소리가 켜집니다.

2. **[산책] 빼세요.** 이어폰을 귀에서 빼고 딱 10분만 걸으십시오. AI가 추천하는 음악 대신, 스쳐 가는 바람 소리와 내 숨소리에 귀를 기울여 보십시오.

3. **[맡김] 기도하세요.** 일이 손에 안 잡히고 불안할 땐, 즉시 '1-1-1 기도'로 운전대를 넘기십시오.

   - 1분) 눈을 감고 복잡한 세상을 차단합니다.

   - 1분) 깊이 심호흡하며 긴장된 몸을 이완합니다.

   - 1분) 입술로 선포합니다. "성령님, 제 마음의 엑셀에서 발을 뗍니다. 이제 주님이 운전해 주세요."

끝으로, 청년의 질문과 김목사의 대답

청년이 묻다) "목사님, 멈추면 하나님이 일하신다는 말은 멋진데요. 현실은 다르잖아요. 제가 오늘 공부 안 하고 쉬면 내일 시험 망치는 건 하나님이 아니라 저잖아요. 경쟁자들은 지금도 밤새워 스펙 쌓는데, 저만 '거룩한 멈춤' 하다가 백수 되면 책임져 주실 건가요?"

김목사가 대답하다) 와, 질문이 아주 맵네요. 정신이 번쩍 듭니다. 음, 제가 청년의 삶을 책임지기엔… 우리 둘 다 평생 라면만 먹고 살아야 할 수도 있어요. 그래도 좋다면 콜?(웃음)

청년 말이 맞아요. 펜을 놓으면 성적은 떨어질 수 있고, 야근 안 하면 고과가 나빠질 수도 있죠. 이게 우리가 사는 냉혹한 현실입니다.

하지만 제가 말하는 멈춤은 인생을 포기하고 아무것도 안 하는 '나태(Laziness)'가 아니에요. 혹시 에이브러햄 링컨의 유명한 말을 들어 본 적 있나요? (링컨이 했다는 확실한 기록은 없지만, 그 통찰만큼은 확실해요.)

> "만약 내게 나무를 베기 위해 6시간이 주어진다면,
> 나는 먼저 4시간을 도끼날을 가는 데 쓰겠다."

나무를 가장 많이 베는 사람은 누구일까요?
무턱대고 쉬지 않고 도끼질만 해 대는 사람은 아닙니다. 날이 무뎌졌을 때 과감하게 멈추고 날을 가는 사람입니다. 전도서에서도 우리에게 같은 말을 하잖아요.

"잊지 마라. 도끼날이 무딜수록 일은 더 고되다."(전 10:10, 메시지)

무딘 도끼로 10번 찍는 것보다, 날 선 도끼로 1번 찍는 게 훨씬 강력합니다.

AI에게 묻고 성령님께 듣다

청년이 지금 두려운 건 '쉬는 것' 자체가 아니라, '내 미래가 오직 내 노력 (도끼질의 횟수)에만 달려 있다'고 믿기 때문일 거예요. 그 믿음이 우리를 쉬지도 못하게 하고, 도끼날이 다 망가질 때까지 자신을 몰아세우게 만듭니다.

중요한 시험이나 큰 책임 앞에서도 드리는 예배의 시간.
바쁨 가운데서도 멈추는 10분의 기도 시간.
이 시간을 낭비가 아닌 영혼의 도끼날을 가는 시간으로 생각해 보세요.
성령님 안에서 제대로 쉰 사람은, 불안에 쫓겨 억지로 하는 사람보다 훨씬 더 맑은 정신과 날카로운 집중력을 가질 수 있답니다.

"성령님이 나의 노력보다 크시다." 이걸 믿는다면, 오늘 밤 불안해하지 말고 푹 자도 됩니다. 성령님이 당신의 내일을, 당신보다 더 잘 준비하고 계시니까요. 화이팅!

(P.S. 그렇다고 시험 전날, "성령님은 나의 노력보다 크시다!" 외치고 공부 하나도 안 하고 '롤' 하러 가는 건 믿음이 아니라 '직무 유기'예요. 그건 저도 못 도와드립니다. 진짜 미워할 겁니다!)

"분주한 마음을 끄고,
나의 작고 세미한 고백을 들으렴"

❓ 오늘의 질문

· 가장 오랫동안 SNS와 떨어져 지낸 적은 언제였나요? 그때 어떤 기분이 들었나요?

· 당신은 성령님의 음성이 어떻게 들린다고 생각하나요? 그것을 어떻게 분별할 수

  있을까요?

1. 우리는 너무 시끄러운 세상에 살고 있다

아침에 눈을 뜨자마자 본능적으로 스마트폰을 켠다.

밤새 쌓인 알림을 확인하고, 뉴스를 훑고,

습관처럼 숏폼을 넘긴다.

영상 몇 개를 보다 보니 어느새 출근 시간이 된다.

출근길에는 이어폰을 꽂고, 밥 먹을 땐 예능을 본다.

잠들기 직전까지 블루라이트는 꺼지지 않는다.

우리의 뇌는 1초도 쉴 틈 없이 정보의 폭격을 맞고 있다.

요즘은 아예 어릴 적부터 영상의 폭격에 노출된다.

백상경제연구원에서 쓴 〈퇴근길 인문학 수업:관계〉에서는

이런 상태를 '팝콘 브레인(Popcorn Brain)'이라고 경고한다.

팝콘이 튀듯 크고 강렬한 자극에만 반응하고,

잔잔하고 평범한 일상은 지루해서 견디지 못하는 뇌.

하지만 진짜 문제는 뇌의 피로만이 아니다.

소음은 눈과 귀에만 있는 것이 아니다.

마음의 소음은 더 크고 치명적이다.

한때 '세상에서 가장 행복한 나라'로 불렸던 부탄을 알고 있는가?

가난하지만 행복지수 1위였던 나라.

TV에서 부탄 사람들의 순박한 미소를 볼 때마다,

'아, 나도 저기 가고 싶다'를 연발했다.

그런데 최근 그 순위가 95위까지 곤두박질쳤다.

전쟁이 난 것도, 기근이 든 것도 아니었다.

원인은 충격적이게도 '스마트폰과 SNS'였다.

여행 유튜버 빠니보틀은 부탄을 여행하며

날카로운 통찰을 남겼다.

"원래 부탄은 가장 행복한 나라였는데,

다른 나라를 보게 되면서부터 불행을 느끼기 시작한 것 같다."

히말라야 산자락에서 서로를 아끼며 살던 그들이,

손바닥만 한 화면 속에서,

한국, 미국, 유럽의 화려한 삶을 훔쳐보게 된 것이다.

그 순간 마음속에서 시끄러운 소음이 터져 나왔다.

"우린 왜 저렇게 못 살지?"

"나는 왜 저들처럼 화려하지 않지?"

                    AI에게 묻고 성령님께 듣다

정보는 넘쳐나는데 행복은 줄어드는 아이러니.
이것이 비단 부탄만의 이야기일까?

"너 뒤처졌어.", "더 벌어야 해."
"쟤는 벌써 저만큼 갔는데 넌 뭐 하니?"

알고리즘이 실어 나르는 수만 가지 비교와 욕망의 사진들.
이 거대한 비교의 소음 속에서,
우리는 정작 들어야 할 소리를 잃어버렸다.
세상의 소리는 너무 큰데, 성령님의 소리는 들리지 않는다.

2. AI는 '화려한 데이터'를 보여주지만, 성령님은 '세미한 울림'으로 오신다

AI는 수치와 그래프로 말한다.
"성공 확률 98%", "이 경로가 가장 빠릅니다."
가장 합리적이고 선명한 증거들이다.

우리는 그 명쾌함에 익숙해져서,
성령님께도 자꾸만 AI 같은 방식을 요구한다.

솔직히 고백하자면, 나 역시 별반 다르지 않다.

나도 답답한 내 현실을 보며

하늘을 향해 이렇게 떼를 쓸 때가 많다.

"성령님! 좀 딱 부러지게 답 좀 주세요!"

"꿈에서 보여주시든, 귀에다 대고 소리를 지르시든지요!"

하지만 성령님의 응답 방식은 내 기대와는 조금 다르다.

그분은 어떤 확고한 사건이나 분석 데이터를 들이미는 대신,

마음 한구석을 툭 건드리는 세미한 울림으로 오신다.

최근 여행 중에 참 예쁜 커플을 보았다.

시끄러운 카페였는데도, 두 사람은 서로의 귀에 대고 소곤소곤.

무슨 비밀 이야기라도 하는 걸까?

너무 다정해 보여서 나도 거기에 귀를 대고 싶을 정도였다.

문득 예전에 읽었던 문장 하나가 떠올랐다.

"사람들은 왜 화가 나면 바로 옆에 있는데도

서로에게 소리를 지를까?

마음의 거리가 멀어졌기 때문이다.

그 먼 거리를 뛰어넘어 내 뜻을 전하려면

고함을 쳐야만 하는 것이다."

사랑하는 사람과의 대화를 생각해 보자.

그들은 내가 본 그 연인들처럼 언제나 귓가에 속삭인다.

마음이 맞닿아 있기에, 큰 소리가 필요 없다.

성령님이 그토록 작게,

그러나 세밀한 소리로 말씀하시는 이유도 거기에 있다.

우리를 무시해서가 아니라,

우리와 가장 가까이에 계시기 때문이다.

AI는 우리와 인격적인 관계가 없기에

화려한 데이터와 분명한 소리로 자신을 증명해야 한다.

하지만 성령님은 다르다. 그분은 내 안에 계신다.

성령님이 당신의 삶에 침묵하시는 것처럼 느껴지는가?

아니다.

그분은 지금 당신의 귓가에

가장 다정한 목소리로 속삭이고 계신다.

단지 우리의 마음이 너무 시끄러워,

그 사랑의 속삭임을 듣지 못할 뿐이다.

3. 악마는 소음을 좋아한다

기독교 변증가인 C.S. 루이스는 〈스크루테이프의 편지〉에서
인간을 무너뜨리는 악마의 전략을 이렇게 폭로한다.

"우리는 온 우주를 소음으로 만들 것이다.
소음만이 어리석은 양심의 가책과 절망에서 우리를 지켜 준다."

정말 섬뜩할 정도로 예리한 통찰이다.
악마는 우리가 끔찍한 죄를 저지르는 것보다,
단지 우리 주변을 '시끄럽게' 만드는 것을 더 선호한다.

소음 속에 갇힌 인간은
인생의 가장 중요한 질문을 던지지 못하기 때문이다.

이 위기를 현대적으로 재해석한 존 마크 코머 목사님은
〈슬로우 영성〉에서 이렇게 경고한다.

"현대 세상의 소음은 하나님의 음성에 귀가 멀게 만든다.
우리에게 가장 필요한 것은 바로 하나님의 말씀이지만
소음이 그 말씀의 소리를 덮어 버린다."

이 통찰은 단지 영적인 비유가 아니라,

이미 우리의 일상에서도 확인된다.

실제로 그는 현대인의 평균 집중력이 금붕어(9초)보다

짧은 8초라는 연구 결과를 인용하며 이렇게 묻는다.

"우리의 집중력이 금붕어만도 못하다면

어떻게 깊은 영적 삶을 누릴 수 있겠는가?"

부인할 수 없는 현실이다.

1분짜리 숏폼 하나도 끝까지 못 보고 넘겨 버리는 집중력.

이게 단순히 우리가 참을성이 없어서일까?

이 구조를 완성한 것은,

우리의 취향과 반응을 너무도 잘 아는 AI다.

AI는 우리가 지루할 틈을 주지 않고,

끊임없이 새로운 디지털 소음을 공급한다.

그렇게 자극에 절어진 뇌로,

우리는 점점 더 고요한 음성에 서툴러진다.

성령님은 침묵 속에서 말씀하시지만,

세상은 그 침묵마저 소음으로 덮어 버린다.

우리가 겪는 분주함은 단순한 바쁨이 아니다.

그것은 성령님과의 접속을 고의로 방해하는,

가장 교묘하고 강력한 영적 전파 방해다.

4. 성령님의 주파수를 찾아야 한다

이번 장은 자꾸 '옛날 사람'을 인증하는 것 같아서 민망하다.

하지만 이 비유만큼 완벽한 게 없어서 한 번 더 해야겠다.

혹시 아날로그 라디오를 조작해 본 적이 있는가?

라디오의 묘미는 '다이얼'에 있다.

먼저 숨을 죽이고 손끝의 감각을 세운다.

지지직거리는 잡음 사이에서

내가 원하는 방송을 찾아내기 위해

다이얼을 아주 미세하게, 조금씩 돌린다.

조금만 벗어나도 잡음이 섞이고,

정확히 맞추면 거짓말처럼 깨끗한 소리가 흘러나온다.

그런데 AI의 방식은 정반대다.

AI는 우리에게 다이얼을 빼앗아 갔다.

유튜브나 넷플릭스 같은 플랫폼을 보면,

우리가 선택하지 않아도

알고리즘이 다음 영상을 끊임없이 재생한다.

내가 멈추지 않는 한, 소음은 끝나지 않는다.

우리는 이 편리한 시스템에 길들여져,

신앙생활도 AI처럼 하려 한다.

가만히 멍하니 있으면,

성령님이 알아서 내 귀에 좋은 말씀을 떠먹여 주시길 바란다.

마치 알고리즘처럼 말이다.

하지만 성령님의 주파수는 자동 재생이 아니다.

성령님은 강제로 다음 영상을 트는 기계가 아니라,

우리가 의지를 가지고 다이얼을 돌리기를 기다리는 인격이시다.

그러니 이제, 당신의 손으로 직접 주파수를 맞춰야 한다.

세상의 시끄러운 잡음을 줄이고

무뎌진 영혼의 감각을 곤두세워,

숨죽여 성령님의 주파수를 찾아야 한다.

5. 성령님은 화려한 이벤트가 아니라, 고요한 침묵 속에 계신다

호렙산에 선 엘리야.

그는 갈멜산의 대승리에도 불구하고,

이세벨의 칼날을 피해 처참하게 무너진 채 도망쳐 왔다.

번아웃의 끝자락, 지칠 대로 지친 상태였다.

그는 더 이상 무엇을 해야 할지 알 수 없었고,

이 혼란 속에서 하나님이 어디 계신지 도무지 가늠할 수 없었다.

그래서 엘리야는 확인받고 싶었을 것이다.

'나만 홀로 남았는데도, 그들이 내 목숨까지 찾는'(왕상 19:10)

그 절박한 상황 속에서,

엘리야는 어떻게든 확실한 하나님을 보고 싶었을 것이다.

마치 AI가 만들어 내는 화려한 결과물처럼,

하나님께서도 천둥이나 번개같이 압도적인 스케일로 나타나

"내가 여기 있다"고 말해 주시길 바랐을지 모른다.

실제로 크고 강한 바람, 땅을 흔드는 지진,

맹렬한 불이 지나갔다.

그러나 성경은 단호하게 기록한다.

그런 화려한 이벤트 가운데 여호와께서 계시지 아니했다고.

개역개정은 이 장면을 이렇게 옮긴다.

"불 후에 세미한 소리가 있는지라"

세미한 소리, 부드럽게 속삭이는 소리.

시끄러운 특수효과가 다 꺼진 뒤에서 비로소 들리는 소리.

그 적막 속에서 하나님은 엘리야를 깊이 만나 주셨다.

이것이 우리가 인생에서 중요한 순간에

잠시 AI를 내려놓아야 하는 이유다.

성령님은 '알고리즘의 소란함' 속에 계시지 않는다.

그분은 우리가 화면을 끄고, 이어폰을 빼고,

세상의 모든 소란이 잦아든 바로 그 침묵의 자리에 계신다.

인생의 해답을 찾고 싶은가?

그렇다면 이제 그만 검색창을 닫아야 한다.

화려한 자극은 뇌를 즐겁게 할 뿐이지만,

미세한 음성은 우리의 영혼을 살린다.

지금도,

성령님은 당신의 귓가에 다가와 작고 부드럽게 속삭이신다.

"자! 이제 분주한 마음을 끄고,

우리 둘만의 이야기를 좀 해 볼까?"

6. 그래서 나는 소음을 끄고 접속을 끊는다

혹시 여행을 좋아하는가?

나는 여행을 가면 그곳의 추억을 담아 오기 위해

기념품 가게를 꼭 들르는 편이다.

주로 마그넷을 고르지만,

참을 수 없이 예쁜 스노우볼이 보이면 홀린 듯 지갑을 다시 연다.

책상 위에 놓인 투명한 유리구슬.

그걸 손에 쥐고 가볍게 흔들면 유리구 안에는 함박눈이 내린다.

그 하얀 눈보라가 너무 예뻐서 멍하니 바라보다,

문득 이런 생각이 들었다.

'우리의 하루는 쉴 새 없이 흔들리는 스노우볼 같구나!'

잠시도 가만히 있지 못하고 누군가가 계속 흔들어 대는 유리구슬.

AI가 쏟아내는 정보의 눈가루,

알고리즘이 휘젓는 욕망의 눈가루가 내면을 뒤덮어

정작 내 마음의 풍경은 한 치 앞도 보이지 않는 뿌연 상태다.

스노우볼 안의 진짜 풍경을 보려면 방법은 하나뿐이다.

책상 위에 내려놓고 가만히 기다리는 것.

흔들림을 멈추고 눈가루가 다 가라앉을 때까지,

기다려야 비로소 유리구 안의 진짜 주인이 보인다.

우리에게도 그런 시간이 필요하다.

우리는 나를 마구 흔들어 대는 세상을 잠시 내려놓아야 한다.

일부러 AI에 접속을 하지 않고,

스마트폰을 비행 모드로 바꾸며,

귀를 막던 이어폰을 빼야 한다.

아무런 정보도 입력되지 않은 그 심심한 시간.

그 시간에 내 영혼의 부유물들이 차분히 가라앉는다.

비로소 내 안에 성령님의 음성이 들린다.

"이제야 얼굴이 좀 보이네."

"내가 너를 얼마나 사랑하는지 알지? 그러니 두려워 마."

지진 후에 불이 있었으나 그 불 속에도 여호와는 계시지 않았다. 그런데 그 불이 있은 후에 부드럽게 속삭이는 소리가 있었다. (왕상 19:12, 현대인)

이 말씀을 소리 내어 천천히 세 번만 읽어 보세요.
- 내가 평소에 기대했던 성령님의 응답 방식(큰 소리, 기적)과 성경이 말하는 방식은 어떻게 다른가요?

- 나의 하루 중 가장 분주하고 시끄러운 시간은 언제인가요?

● **김목사의 짧은 묵상**

AI는 쉴 새 없이 정보를 쏟아내며 시끄럽게 떠들지만, 성령님은 당신이 멈출 때까지 조용히 기다려 주십니다. 세상의 볼륨을 줄이십시오. 가장 위대한 사랑의 고백은, 소음이 사라진 뒤에야 속삭임으로 들려옵니다.

● **김목사의 Tip: '소음 다이어트(Noise Diet)'**

무뎌진 영적 청력을 회복하기 위한 3단계 '로그아웃' 훈련입니다.

1. **[아침: '만나기' 다이어트]** 알고리즘보다 먼저 성령님을 만나야 합니다.

눈을 뜨자마자 습관적으로 스마트폰을 열지 않도록 하세요. 세상의 뉴스가 내 머리를 채우기 전, 성령님과 먼저 인사해야 합니다. "성령님 저 일어났어요!" 이 짧은 첫마디가 오늘 하루의 주파수를 결정합니다.

2. [점심: '비우기' 다이어트] 이동하는 시간, 귀를 꽉 막고 있던 이어폰을 딱 한 구간만이라도 빼십시오. 심심해야 생각이 납니다. 비어 있어야 채워집니다. 어색한 적막, 바로 그 틈새가 성령님이 나에게 말을 거시는 타이밍입니다.

3. [저녁: '세상 로그아웃, 평안 로그인' 다이어트] 잠들기 30분 전, 과감하게 비행 모드 혹은 방해 금지 모드를 켜십시오. 이것은 세상과 단절이 아니라, 안식과의 접속입니다. 그리고 소곤거리십시오. "성령님 저 왔어요. 오늘은 참 힘든 하루였어요."

청년이 묻다) "목사님, 성령님의 음성을 듣는다는 게 너무 뜬구름 잡는 얘기 같아요. 저는 기도하면 동굴 목소리(에코 빵빵하게)로 들릴 줄 알았거든요. 근데 귀를 씻고 들어 봐도 아무 소리도 안 들려요. 저의 영적 수신기가 고장 난 건가요?"

김목사가 대답하다) 수신기는 아주 멀쩡합니다! 만약 진짜로 방에서 육성으로 "아들아! 딸아!" 하는 소리가 들리면, 그건 교회가 아니라 병원에

 AI에게 묻고 성령님께 듣다

가 보셔야 할 수도 있어요. (웃음)

혹시 예전에 인터넷에서 유명했던 '빵상 아줌마' 아세요? "빵상~ 깨랑가랑~" 하면서 우주 신과 대화한다고 하셨던 분요. 우주 신이 '어떤 아파트를 사라'고 콕 집어 말해 줬는데 그게 대박 났다는 소문도 있더라고요. 와~ 너무 부럽네요. 우리 성령님은 뭐 하실까요? (농담입니다. 성령님 사랑합니다.)

많은 청년들이 오해를 하는데, **대부분 성령님의 음성은** 고막을 때리는 데시벨(dB)이 아니라, **마음을 울리는 생각의 형태로 옵니다.** 물론 정말 급힐 땐, 분명하게 개입하시기도 합니다. 아브라함 때를 보세요. 말리지 않으면 큰일 날 순간에는, 아주 단호하게 멈추게 하시죠. 하지만 평소에는 늘 인격적으로 말씀하십니다.

그럼에도 어떤 것이 성령님의 음성인지? 헷갈리시죠?
제가 구분하는 아주 쉬운 팁을 하나 드릴게요.

평소 내 성격(자아)이랑 안 맞는 생각, 나를 불편하게 하는 생각(거룩한 부담)이 들면 그게 성령님의 음성일 확률이 99%입니다.

부끄럽지만 실제 저의 경험을 하나 들려 드릴게요.

한 청년이 저를 정말 열받게 한 적이 있어요. 내 본능(자아)은 이미 계산을 끝냈죠. "좋아. 오늘 재를 들이받고, 나도 장렬하게 사직서를 쓴다." (○○아! 다시 생각해도 미안해. 잘 살고 있지?)

그런데 씩씩거리며 잠시 기도를 하는데, 뜬금없이 마음 한구석에서 이런 생각이 툭 올라오는 거예요. "아휴, 재도 오죽 힘들면 저러겠냐… 네가 밥이나 한번 먹자고 해라."

이건 제 자아가 죽었다 깨어나도 낼 수 없는 소리예요. 저는 조금이라도 싫은 사람과 밥을 먹으면 바로 체하는 '울트라 초민감 위장'을 가진 사람이거든요. 내 본성은 손절을 외치는데, 내 안의 누군가가 자꾸 밥을 먹이래요. 이 불편하고 말도 안 되는 음성, 그게 바로 성령님입니다.

그래서 밥을 먹었냐고요? 먹었죠. 체했을까요?
아니요, 해피엔딩! 지금도 아주 잘 지냅니다.

유명한 작가 도널드 밀러의 책 〈천년 동안 백만 마일〉에 보면 기가 막힌 표현이 나옵니다. 그 역시 왜곡된 하나님 때문에 방황하다가, 진짜 하나님의 음성을 듣고 이렇게 고백해요.

"진짜 음성은 더 작고 세미하며, 옳고 그름의 차이,

                                          AI에게 묻고 성령님께 듣다

아름다움과 속됨의 미묘한 구분을 혼동 없이 아는 것 같다.
그것은 격양된 음성이 아니라 무수한 시행착오도
다 받아 줄 만큼 인내심 많은 음성이다.”

그러면서 그 음성은 우리에게 이렇게 말을 건다고 해요. **"네 혀를 삼가라. 그 사람에 대해 그렇게 말하지 마라. 말 안 하고 지내 온 그 친구를 용서해라."**

들리시나요? 이건 우리 자아가 낼 수 없는 소리예요. 그러니 오늘 '뭔가 밑져야 할 것 같은 불편한 마음'이 들었다? 축하합니다. 성령님의 음성이 확실합니다!

자! 이제 갑자기 누군가 생각나죠?
어제 싸운 OO이!
뒷담화 한 OO이!

오늘 용기 내서 밥 한번 사 주세요. (아, 기회 되면 저한테도 밥 좀 사 주시고요!) 화이팅!

3부

함께하다

나만의 알고리즘을 넘어,
우리의 식탁에서 만나다

7장

혼자는 빠르지만 함께는 멀리 간다

· 중요한 결정을 내릴 때, 누구와 함께 고민하고 결정하나요?

· 나는 '빨리 가는 것'을 원하나요, 아니면 '바르게 가는 것'을 원하나요?

1. 쉬운 결정은 늘 아쉬움을 남겼다

한 청년이 이직하면서 급하게 방을 구했다.

조건은 단순했다. '직장이 가까울 것, 그리고 당장 입주할 수 있을 것'.

마침 하루 만에 딱 맞는 집을 찾았고, 바로 계약했다.

청년은 나에게 자랑을 했다.

"목사님! 저 하루 만에 해결했어요. 일 처리 빠르죠?"

그런데 딱 한 달을 살아보니 문제가 터졌다.

밤이 깊어질수록 그 골목은 '배달 오토바이의 성지'로 변했다.

소음 때문에 잠을 잘 수가 없었다.

친구들이 한마디씩 했다.

"야! 거기 밤에 시끄러운 거로 유명하잖아. 몰랐어?"

청년은 땅을 치고 후회했다. 친구에게 한 번만 물어봤으면,

아니, 그 동네 사는 조원에게 카톡 한 번만 보내 봤으면,

단 1분 안에 걸러낼 수 있는 문제였다.

나중에 청년이 씁쓸하게 내게 말을 했다.

"목사님! 저는 왜 그렇게 혼자 급했을까요?"

솔직히 고백하자면, 나 역시 혼자 하는 결정이 제일 편하고 좋다.

누군가를 설득하느라 진을 뺄 필요도 없고,

반대 의견에 부딪혀 감정을 소모할 일도 없으니까.

그러다 보니 나는 요즘 성령님보다 AI에게 더 많이 묻곤 한다.

"이 문제 어떻게 할까? 대안을 3개만 제시해 줘."

몇 초면 A부터 C까지의 플랜이 정리된다.

그 자리에서 쇼핑하듯 고른다. "좋아! B안으로 간다."

누구와 상의할 필요도 없고, 맥락을 길게 설명할 필요도 없다.

무엇보다 AI는 "목사님! 기도해 보셨어요?" 같은

불편한 질문은 하지 않는다.

그런데 돌아보면 늘 그랬다.

쉽게 내린 결정은, 꼭 아쉬운 뒷맛을 남겼다.

빠르게 처리해서 속은 시원한데,

막상 뚜껑을 열어보면 놓친 게 수두룩하다.

효율만 챙기느라 사람이나 상황을 놓쳤기 때문이다.

AI는 내 결정에 속도를 달아 주지만,

그 결정이 옳은 방향인지 보증해 주지는 못한다.

혼자 달리면 앞서갈 수는 있어도, 멀리 갈 수는 없다.
인생은 100미터 스프린트가 아니라
마라톤에 훨씬 가깝기 때문이다.

2. AI는 '최적화'를 돕지만, 공동체는 '거룩화'를 돕는다

우리는 왜 중요한 문제를 두고 함께 상의하는 것을 꺼릴까?
공동체에 한 번이라도 진짜 속마음을 꺼내 본 사람은 안다.
이게 얼마나 '가성비 떨어지는 일'인지를.

일단 상황부터 설명해야 한다.
"이게 2주 전부터 이어진 일인데…"
열심히 설명해도 다 알아듣는 건 아니다.
답답해서 다시 설명해야 한다. "아니, 그게 아니라…"
그러다 보면, 내가 먼저 지쳐 버린다.

게다가 가슴을 후벼파는 사람도 꼭 있다.
"그래서 기도는 해 보고 결정한 거야?"
"형제님! 그런 결정은 너무 세상적인 모습 아닐까요?
(와! 진짜 한 대 쥐어박고 싶다. 누가 그걸 몰라서 그러나.)

AI라면 어땠을까?

아마 1초도 안 돼

"훌륭한 생각입니다. 진행하시죠!"라는 대답이 돌아왔을 것이다.

하지만 기억해야 한다.

바로 그 불편한 질문들이 나의 영혼을 살린다.

경영학에서 유명한 '메기 효과' 이야기를 들어 봤을 거다.

옛날 북유럽의 어부들은 청어를 잡아 항구로 돌아오면

늘 울상이었다.

오는 동안 청어들이 죽어버려,

기껏 잡은 청어가 똥값이 되었기 때문이다.

그런데 유독 한 어부의 수조에 있는 청어들만

싱싱하게 살아있었다.

비결이 뭘까?

그 어부의 수조에는

청어의 천적인 '메기' 한 마리가 들어 있었다.

청어들은 메기에게 잡아먹히지 않으려고 필사적으로 도망 다녔고,

그 긴장감이 항구에 도착할 때까지

생명력을 유지하게 만든 것이다.

반면 천적이 없어 편안했던 다른 수조의 청어들은

다 죽어 버렸다.

편리함에 중독되면 우리 영혼은 천적 없는 청어처럼 죽어 버린다.

굳이 어려운 길, 좁은 길을 선택할 이유가 사라지기 때문이다.

우리에게도 영혼을 불편하게 만드는 영적 메기가 필요하다.

눈치 없이 "기도하자"고 덤비는 조원이 필요하다.

우리는 불편함을 좀 견뎌야 한다.

AI는 나를 최적화시켜 더 빨리 달리게 만들지만,

공동체는 나를 거룩하게 하여 다시 성령님을 바라보게 만든다.

3. AI는 빠르게, 성령님은 함께 가자 하신다

인상 깊게 본 영화 중에 〈말모이〉라는 작품이 있다. (추천!)

영화를 보고 나면,

우리가 쉽게 쓰는 '우리말'과 '우리'라는 단어가

얼마나 많은 사람들의 뜨거운 피로 지켜진 것인지

다시 생각하게 된다.

일제의 모진 탄압에도 그들이 끝까지 버틸 수 있었던 힘.

영화 속 명대사 한 줄이 모든 것을 설명한다.

"한 사람의 열 걸음보다, 열 사람의 한 걸음이 더 크다."

하지만 우리가 익숙해진 계산법은

이 문장과는 꽤 다른 방향을 가리킨다.

우리가 AI를 쓰는 이유는 분명하다.

더 멀리, 더 빠르게 가고 싶기 때문이다.

"나를 써서 너 혼자 열 사람 몫을 해내! 그게 능력이야."

이것이 세상이 말하는 효율이고 성공의 공식이다.

하지만 성령님의 계산법은 좀 다르다.

한 사람이 AI를 장착하고 100미터를 질주하는 것보다,

연약한 열 사람이 서로 손을 잡고

10미터 전진하는 것을 기뻐하신다.

신앙은 '속도전'이 아니라,

'관계 안에서' 완주하는 여정이기 때문이다.

관계가 왜 그토록 중요할까?

성경의 첫 범죄 현장인 창세기 3장을 보면

그 이유가 명확하게 드러난다.

도대체 그 교활한 뱀(마귀)은 어떻게 하와를 무너뜨렸을까?

존 마크 코머 목사님은 〈거짓들의 진실〉에서 설명한다.

첫째, 하와가 혼자 있게 만들었다.

둘째, 마귀는 거짓을 말했다.

홀로 거짓에 노출된 하와는 쉬운 먹잇감이었다.

우리가 죄를 짓는 순간을 복기해보면, 대부분 혼자 있을 때이다.

생각해 보라.

목사인 나와 차를 마시며

그 순간 음란물을 보는 청년이 있겠는가?

사랑하는 가족과 함께 있으며

범죄를 저지를 사람이 어디 있겠는가?

위험은 언제나 방문을 닫고, 홀로 있는 바로 그 순간,

은밀한 고립의 시간에 발생한다.

성령님이 우리에게 공동체를 주신 이유가 바로 그것이다.

서로가 서로의 CCTV가 되어 주고,

서로가 서로의 방패가 되어 주는 것.

조금 느려도 괜찮다.
우리는 공동체와 함께, 안전하게 걷는 법을 배워야 한다.

4. 전능하신 하나님도 '함께' 일하셨다

성경의 첫 장인 창세기를 펼치면,

우리는 꽤 인상적인 장면과 마주하게 된다.

온 우주를 말씀 한마디로 만드실 수 있는 전능하신 하나님.

그분이 인간을 창조하실 때 독백이 아닌 대화를 하시는 것이다.

"우리가 우리의 형상을 따라서,

우리의 모양대로 사람을 만들자." (창 1:26上, 새번역)

'내가 만들자'가 아니라 '우리가 만들자'다.

이 짧은 문장 하나에,

성경이 말하는 하나님 이해의 핵심이 담겨 있다.

성부, 성자, 성령 하나님은 태초부터 '삼위일체'라는

서로 다른 듯 하나인 '우리'로 존재하셨다.

AI에게 묻고 성령님께 듣다

이 신비를 그림으로 표현한 거장이 있다.

러시아의 화가 안드레이 루블료프가 그린

〈삼위일체〉(1425년 추정)다.

그림을 보면 식탁을 중심으로 세 명의 젊은이가 앉아 있다.

도상학자들은 옷 색깔로 성부와 성자와 성령을 구분하는데,

그들의 얼굴은 놀라울 만큼 닮아 있다.

나이도 성별도 짐작할 수 없다.

그저 서로가 서로를 지극한 사랑의 눈빛으로 바라보며

원을 이루고 있을 뿐이다.

철학자 김용규 교수님이 〈은유란 무엇인가〉에서

이렇게 풀이했다.

"루블료프는 **우리도 삼위일체의 신처럼**

각자 서로 다르지만 하나가 되어야 한다는 것을 성화상에 담았다."

서로 다르지만, 완전히 하나가 된 모습.

하나님은 이토록 완벽한 '팀워크' 안에서 세상을 창조하셨다.

그런 점에서 우리도 이런 질문 앞에 서 보게 된다.

완벽하신 하나님조차 함께 의논하고, 함께 일하셨다.

그렇다면 실수투성이인 우리가

정말 혼자서도 충분하다고 말할 수 있을까.

혼자 결정하려는 태도는 때로 능력처럼 보이지만,

그 안에는 교만이 숨어 있을 수도 있다.

하나님의 형상을 닮은 우리는,

혼자일 때보다

함께할 때 더 창조적이고, 더 안전하도록 지음 받았다.

5. 세 겹 줄은 쉽게 끊어지지 않는다

광고가 우리를 끊임없이 부추긴다.

'혼자서도 충분해!', '나를 위한, 나에 의한, 나만의 라이프.'

그 달콤한 속삭임에 우리는 저마다 '슈퍼 개인'을 꿈꾼다.

누구에게도 의지하지 않은 채,

혼자서 판단하고, 혼자서 결정하며

혼자서도 충분히 잘 해내는 완벽한 사람 말이다.

매끄럽고, 질기고, 화려해 보이는 '나 혼자'라는 한 겹의 줄.

그런데 성경은 말한다.

혼자 싸우면 지지만, 둘이 힘을 합하면 적에게 맞설 수 있다.
세 겹 줄은 쉽게 끊어지지 않는다. (전 4:12, 새번역)

아무리 최신 AI를 장착하고 스펙으로 무장했다 해도,
인생의 비바람 앞에서 혼자 버티는 줄은 결국 끊어지기 마련이다.
하지만 완벽하지 않아도 여러 줄이 함께 나를 잡아주고 있으면,
그 줄은 쇠사슬만큼 강해진다.
이것이 성령님이 우리에게 공동체를 주신 '연합의 원리'다.

'함께'의 힘이 얼마나 강력한지 보여주는 좋은 예화가 있다.
나는 개인적으로 손웅정 감독님을 존경한다.
그는 아들을 월드클래스 선수로 키워 낸 비결을 이렇게 말한다.
심플하게, 단순하게, 그리고 함께.
그의 책 〈모든 것은 기본에서 시작한다〉에는 이런 고백이 나온다.

"나는 아이들에게 훈련 프로그램을 짜 주고,
팔짱을 끼고 지시하는 감독이 아니다.
운동장에서 아이들과 늘 함께 있었다."

"네가 하면 나도 한다."

그는 이렇게 함께하는 방식을 고집했다.

그리고 그 '함께함'이 어떤 힘을 가지는지는

훗날 손흥민 선수의 고백을 통해 드러난다.

"아버지가 옆에서 똑같이 훈련하고 있으니까,

힘들어도 멈출 수가 없었어요."

기억하자.

화려한 한 겹 줄은 위기 앞에서 허무하게 끊어진다.

하지만 완벽하지 않더라도

공동체로 서로 얽힌 세 겹 줄은 절대로 끊어지지 않는다.

속도는 조금 느릴지 모른다.

때로는 발이 꼬여서 넘어질 수도 있다.

하지만 우리는 서로 묶여 있기에, 다시 일어나 끝까지 갈 수 있다.

우리는 그렇게 서로에게 묶인 채,

끝까지 가도록 부름받았다.

6. 그래서 나는 오늘도, 함께 결정한다

초대교회 사도들은 중요한 결정을 내릴 때 이렇게 고백했다.

참 멋지고 가슴 뛰는 표현 아닌가! **'성령과 우리.'**

성령님 혼자 통보하신 것도 아니고,

인간들끼리 투표로 정한 것도 아니다.

공동체가 치열하게 기도하고, 서로의 눈을 맞추며, 함께 내린 결론이란

뜻이다.

혼자만의 똑똑함이 아니라,

성령님과 우리가 함께 주어가 되는 결정의 방식.

그것은 가장 느려 보이지만,

사실은 가장 지혜롭고 안전한 길이다.

등산 용어 중에 '자일 파티(Seilschaft)'라는 말이 있다.

히말라야 같은 험한 산을 오를 때,

혼자 가지 않고 동료들과 몸을 밧줄(자일)로 서로 묶고

한 팀이 되어 오르는 것을 말한다.

목숨을 건 등반에서 굳이 서로를 묶는 이유는 너무나 명확하다.

한 명이 절벽에서 미끄러지면,

다른 동료들이 몸으로 그 줄을 버텨 추락을 막기 위해서다.

나의 생명이 동료의 허리에 묶여 있는 것이다.

요즘 시대를 등산에 비유하자면,

AI는 우리에게 가장 빠른 등산로를 알려주는 최첨단 지도와 같다.

그러나 한 가지는 분명하다.

지도는 길을 보여줄 수는 있지만,

내가 절벽에서 미끄러질 때 나를 잡아주지는 못한다.

그 순간 나를 붙들어주는 것은

내 허리에 묶인 밧줄, 그리고 곁에 있는 동료다.

기도의 줄로 서로 묶인 지체들이

그 추락의 순간을 함께 버텨 준다.

7장을 마치며, 우리에게 이런 결단이 있었으면 좋겠다.

AI에게 길을 묻되, 내 허리에 묶인 안전 밧줄은

성령님과 공동체에 맡기기로.

혼자서 지도를 보며 빨리 달리는 '독주'보다는,

　　　　　　　　　　　　　　　AI에게 묻고 성령님께 듣다

서로 줄을 잡아주고 당겨주며

안전하게 걷는 '완주'를 선택하기로.

성령님은 분명 그런 우리의 결정에 흐뭇하게 웃고 계실 것이다.

우리는 서로의 생명을 붙들어주는

'성령님의 자일 파티' 팀원으로

인생이란 산을 함께 오르는 중이니까.

그러니 잊지 마라!

우리는 혼자가 아니라, 서로 묶여 있기에 끝까지 갈 수 있다!

혼자 싸우면 지지만, 둘이 힘을 합하면 적에게 맞설 수 있다. 세 겹 줄은 쉽게 끊어지지 않는다. (전 4:12, 새번역)

이 말씀을 소리 내어 천천히 세 번만 읽어 보세요.

- 최근에 '혼자' 빨리 처리해서 아쉬움이나 후회가 남았던 일은 무엇인가요?

- 공동체에 나의 고민을 털어놓으려 할 때, 무엇이 가장 염려가 되나요?

● 김목사의 짧은 묵상

빠른 결정은 나의 '능력'을 증명하지만, 함께한 결정은 나의 '영혼'을 지킵니다. 성령님은 혼자서 빨리 도착하는 1등보다, 서로 손을 잡고 끝까지 걸어가는 '우리'를 더 기뻐하십니다.

● 김목사의 Tip: '안전한 결정을 위한 3단 신호등'

중요한 결정을 앞두고 있나요? 실행하기 전, '영적 신호등'을 먼저 확인하세요.

1. [말씀의 신호: 말씀] 이 결정이 성경의 가치관과 충돌하지 않는가?

AI에게 묻고 성령님께 듣다

- 욕심이나 편법이 섞여 있다면 빨간불입니다.

2. [마음의 신호: 성령] 결정한 뒤에 마음이 조급한가, 아니면 잔잔한가?

- 불안하고 쫓기는 기분이라면 노란불입니다.

3. [공동체의 신호: 우리] 신뢰하는 영적 멘토나 친구 2명 이상이 지지하는가?

- 내 생각에 갇히지 않도록 검증받으세요. 그들이 함께 지지한다면 비로소 초록불입니다.

이 세 가지 신호등이 모두 '초록불'로 바뀌었을 때, 출발하십시오. 조금 늦게 출발해도 괜찮습니다. 그것이 목적지까지 가는 가장 안전한 지름길입니다.

끝으로, 청년의 질문과 김목사의 대답

청년이 묻다) "목사님, 공동체가 중요하다는 건 머리로는 알겠어요. 그런데 우리 조에 진짜 '빌런'이 한 명 있어요. 눈치도 없고, TMI에, 부정적이기까지… 그 사람 때문에 모임 가기가 싫어요. 차라리 저랑 잘 맞는 AI랑 성경 공부하는 게 훨씬 은혜로울 것 같은데, 저 그냥 조 옮기거나 혼자 하면 안 될까요?"

김목사가 대답하다) 아이고, 저런. 글만 읽었는데도 고구마 먹은 듯 답답하네요. (웃음) 그렇죠. AI가 참 좋아요. 내 말 안 끊죠, 딴소리 안 하죠, 24시간 내 기분 맞춰 주죠. 얼마나 쾌적합니까. 그에 비하면 사람은 정말… 버그투성이죠? 업데이트도 너무 느린 것 같고.

그런데 청년, 혹시 과학계의 슬픈 정설인 **'또라이 질량 보존의 법칙'** 들어 봤나요? 어딜 가나 나를 힘들게 하는 사람은 꼭 한 명씩 있다는 무시무시한 법칙이죠. 제가 사역지를 여러 번 옮겨 봤잖아요! 지역도 많이 바뀌었어요. 놀랍게도 그 질량은 보존이 되더군요. 그래서 저는 확신해요! 청년이 그 사람 피해서 다른 조로 옮긴다? 장담하건대 거기엔 더 강력한 '보스 몬스터'가 기다리고 있을 확률이 높습니다.

우리가 자주 오해하는 게 있어요. 하나님이 우리를 공동체로 묶어주신 이유는 '편안하라'가 아니라, '성장하라' 입니다. 나랑 MBTI 똑같고, 취향 딱 맞는 사람들끼리만 모여 있으면 천국 같을 것 같죠? 아니요. 그건 공동체가 아니라 '거울 방'이에요.

저는 ISTJ이거든요. 이런 애들 10명을 한 방에 모아 놨다? 와 절간이 따로 없을 겁니다. 서로 눈도 안 마주치고 벽만 보고 있을걸요? 불편함은 없겠죠. 하지만 거기서 무슨 성장과 역사가 일어나겠어요?

반면에 나를 박박 긁어 대는 그 눈치 없는 조원! 그 사람이 바로 하나님

   AI에게 묻고 성령님께 듣다

이 당신의 모난 성격을 다듬기 위해 파견하신 '거룩한 사포'입니다. 사포질 당할 때 아프죠. 열받죠. 도망가고 싶죠. 그런데 그 까끌까끌한 마찰을 견뎌야, 울퉁불퉁했던 내 인격이 깎여 나가서 예수님 닮은 매끈한 작품이 되는 겁니다.

AI는 절대 당신을 사포질하지 못해요. AI는 당신의 비위를 맞추도록 코딩되어 있거든요. **오직 안 맞는 사람만이 나를 깎아서 자라게 합니다.**

솔직히 짜증 나고 미울 수 있습니다. 그래도 너무 미워하지 마세요. 지금 그분이 내 인내심 레벨업시켜 주려고 스스로 악역을 자처하고 계신 겁니다. 그러니 조 모임 끝나면 그분한테 맛있는 밥이라도 꼭 얻어 드세요. 정신적 피해 보상(?) 정도는 받아아죠! 화이팅!

(P.S. 혹시… 아무리 둘러봐도 우리 조엔 빌런이 없다면… 내가 그 빌런은 아닌지, 그것도 깊게 한 번 생각해 봐요. 알겠죠?)

손잡지 않고 살아남는 생명은 없다

· 당신은 '남에게 폐 끼치지 않는 삶'이 성공한 삶이라고 생각하나요?

· 내 영혼이 비바람을 맞을 때, 나를 지탱해 줄 '뿌리 깊은 관계'가 있나요?

1. AI는 '나만의 방주'를 지으라고 권한다

AI 시대가 요구하는 기준은 명확하다. **독립과 자생**이다.

AI는 우리에게 이렇게 속삭인다.

"굳이 까칠한 남에게 묻지 마. 나한테 물어보면 되잖아."

"상처받으며 관계 맺지 마.

알고리즘은 충분히 너를 위로해 줄 수 있어."

그 달콤한 유혹 앞에서,

우리는 인생에서 '타인'이 설 자리를 조금씩 지워 나간다.

번거로운 관계를 피하고,

상처 받을 가능성을 차단하며,

각자 자기만의 안전한 성을 쌓아 올린다.

마치 거대한 홍수 앞에서

문을 굳게 걸어 잠근 노아의 방주처럼.

이런 생각해 본 적 있을까? 방주는 참 묘한 공간이다.

그곳은 세상에서 가장 안전한 장소다.

바깥의 거센 비바람과

집어삼킬 듯한 파도는

그 문을 뚫고 들어오지 못한다.

그러나 그 안전함의 이면에는
꽉 막힌 공간, 동물들의 오물 냄새,
끝없이 흔들리는 뱃멀미가 있다.

방주는 분명 '생존'에는 최적의 공간이었지만,
'살아가기'에는 외롭고 답답한 감옥이었다.

생각해 보면 지금 우리의 모습이 그렇다.
역사상 가장 안전하고,
가장 똑똑하며,
가장 보호받는 시대를 살고 있는데
왜 우리는 가장 우울하고도 불안할까?

혹시 우리는 나만의 안전을 얻는 대가로
사람들과의 생기를 잃어버린 것은 아닐까?

2. 숲의 현자, 레드우드가 알려주는 생존의 비밀

하나님이 지으신 자연을 가만히 들여다보면,

AI가 가르쳐 주지 않은 생명의 법칙이 보인다.

생물학자 최재천 교수는 자연의 섭리를 한 문장으로 요약했다.
"자연계의 모든 동식물을 살펴보면
손을 잡지 않고 살아남은 생명체는 없다."

이 말은 듣기 좋으라고 쓴 감성적인 문구가 아니다.
이것은 거친 야생에서 살아남기 위한,
가장 냉혹하고도 확실한 생존 법칙이다.

미국 캘리포니아에는 '레드우드(Redwood)'라는
거대한 나무가 있다.
이 나무들은 키가 100m, 아파트 30층 높이까지 자란다.

상식적으로 나무가 이렇게 높이 자라려면
뿌리가 땅속 수십 미터까지 박혀 있어야 한다.
그래야 거센 태풍에 뽑히지 않고 버틸 수 있다.

그런데 식물학자들이 땅을 파보고 경악을 금치 못했다.
이 거인들의 뿌리 깊이는 고작 3m 남짓이었다.

도대체 어떻게 이 얕은 뿌리로 태풍을 견디며

수천 년을 살아남았을까?

비밀은 **'수평적 연결'**에 있었다.

레드우드는 혼자 살겠다고 땅 밑으로 깊이 파고드는 대신,

뿌리를 옆으로 넓게 뻗어 주변 나무들의 뿌리와 단단히 얽어맸다.

마치 수백 명의 사람이 서로 팔짱을 꽉 끼듯,

서로를 붙잡아 거대한 '지하 네트워크'를 만든 것이다.

태풍이 불면 레드우드는 혼자 버티지 않는다.

'내가 너를 잡고, 너는 나를 잡고'

숲 전체가 하나의 몸처럼 흔들리며

거친 바람을 견뎌 낸다.

그래서 레드우드 숲에는 홀로 서 있는 나무가 없다.

뿌리를 섞지 않고 혼자 선 나무는,

이미 오래전에 폭풍에 뽑혀 나갔거나 말라 죽었기 때문이다.

숲의 현자가 오늘 우리에게 묻는다.

당신은 지금 누구를 붙잡고 있는가.

                                              AI에게 묻고 성령님께 듣다

그리고 누가 당신을 붙잡고 있는가.

3. 완벽한 노아에게 없었던 한 가지

성경에는 '연결의 비밀'을 보여주는 두 인물이 등장한다.

바로 노아와 아브라함이다.

노아는 정말 훌륭한 사람이었다.

성경은 그를 '당대에 완전한 자'(창 6:9)라고 칭찬한다.

그는 하나님의 명령에 묵묵히 순종해 방주를 짓는다.

그러나 노아의 기록에는

조금 아쉬운 지점이 남아 있다.

하나님이 세상을 멸망시키겠다고 하셨을 때,

노아는 묵묵히 배를 지었다.

그러나 이웃을 붙들고 울며 중보했다는 기록은 없다.

심판을 멈추어 달라며

하나님의 팔을 붙들었다는 흔적도 보이지 않는다.

그는 도덕적으로 흠 없는 '당대의 의인'이었지만,

죽어가는 이웃의 영혼까지 껴안은 사람은 아니었다.

반면 아브라함은 실수투성이 인생을 살았다.
기근 앞에서 도망쳤고,
아내를 누이라 속였으며,
하나님의 때를 기다리지 못하고 이스마엘을 낳았다.
그의 삶은 순종보다는 실패의 기록에 더 가까워 보인다.

그런데 하나님은 '완벽한 노아'가 아니라
'흠 많은 아브라함'을 믿음의 조상으로 세우셨다.

왜 그러셨을까?

나는 이 질문 앞에서 늘 멈추게 된다.
당신은 어떤 이유라고 생각하는가?

4. 하나님이 보신 것은 '타자에 대한 책임감'이었다

김기석 목사님은 〈고백의 언어들〉에서 이 차이를 설명한다.
"아브라함에게는 있고 노아에게는 없었던 것이 하나 있었다.
그것은 **타자에 대한 책임감**이었다."

    AI에게 묻고 성령님께 듣다

아브라함은 **타인의 고통을 외면하지 않고,**

그 한복판으로 걸어 들어갔다.

조카 롯이 전쟁에 휘말리자

자기 사병을 이끌고 구하러 나섰고,

뜨거운 대낮에는 낯선 나그네를 극진히 대접했다.

무엇보다 소돔과 고모라를 멸망시키겠다는

하나님의 뜻 앞에 서서, 끈질기게 중보한다.

"하나님, 의인 50명이 있어도요? 45명은요? … 10명은요?"

심판의 예고 앞에서

노아는 '망치를 들어' 방주를 지었고,

아브라함은 '손을 들어' 세상을 붙들었다.

그렇다면 오늘 성령님은

우리에게 어떤 손을 원하실까?

5. 연결은 옵션이 아니라 생존 조건이다

AI 시대, 우리는 자꾸 '노아'가 되려고 한다.

나만의 알고리즘, 나만의 스펙, 나만의 방주를 짓고
그 안에서 안전하기를 바란다.
"나만 구원받으면 되지."
"귀찮게 엮이기 싫어. 혼자가 편해."

하지만 성경은 이런 우리에게 엄중히 경고한다.
혼자는 편한 상태가 아니라
가장 위험한 상태라고.

"두 사람이 한 사람보다 더 나은 것은
협력하므로 일을 효과적으로 할 수 있기 때문이다.
만일 두 사람 중 하나가 넘어지면
다른 사람이 그를 도와 일으킬 수 있으나
혼자 있다가 넘어지면 그를 도와 일으켜 주는 자가 없으므로
그는 어려움을 당하게 된다." (전 4:9~10, 현대인)

인생을 살다가 보면 반드시 넘어질 때가 온다.
실패의 웅덩이에 빠지고,
우울의 늪에 발이 잠길 때가 있다.

문제는 넘어짐이 아니다.

　　　　　　　　　　　　　　　AI에게 묻고 성령님께 듣다

진짜 위기는 넘어졌을 때,

붙들어 줄 사람이 없다는 데 있다.

그래서 성경은 혼자 넘어지는 상태를 '화(Woe)',

즉 재앙이라고 부른다.

AI는 조언을 줄 수 있지만

손을 내밀어 끌어올려 주지는 못한다.

눈물을 닦아 주지도,

등을 두드려 주지도 못한다.

그 일은 오직

공동체의 손만이 할 수 있다.

6. 그래서 나는 오늘도, 아브라함의 텐트를 친다

이제 나는 '슈퍼 개인'이 되려는 노력을 멈춘다.

나만 안전하면 그만인 굳게 닫힌 방주 대신,

사방이 열린 아브라함의 텐트를 치기로 한다.

예전에 다큐멘터리에서

겨울을 나는 황제펭귄들의 모습을 보았다.

영하 50도의 살인적인 눈보라.

그들은 혼자서 바람을 맞지 않는다.

수천 마리가 서로의 몸을 빈틈없이 밀착해

거대한 원을 만드는 허들링을 한다.

그들은 계속 움직인다.

맨 바깥쪽에서 칼바람을 맞던 펭귄이 지치면,

안쪽에 있던 따뜻한 펭귄이 밖으로 나와 자리를 바꾼다.

그곳에서 혼자 버티는 영웅은 없다.

오직 서로의 체온에 기대어 함께하는 우리만 있다.

어쩜 우리네 인생이 이 남극의 눈보라와 같지 않을까.

그래서 나는 오늘도 AI에게

"어떻게 하면 내가 성공할까?" 대신에

성령님께 조용히 묻는다.

"성령님, 오늘 이 눈보라 속에서

내가 누구의 손을 잡아주어야 합니까?"

그렇게 내 얕은 믿음의 뿌리를 공동체와 단단히 얽어맨다.

   AI에게 묻고 성령님께 듣다

우리는 서로에게 구원자는 될 수 없다.

하지만 구원으로 가는 그 험난한 길에서,

끝까지 서로의 손을 놓지 않는 동반자는 될 수 있다.

내가 흔들리면 네가 잡아주고,

네가 흔들리면 내가 잡아주고!

"두 사람이 한 사람보다 더 나은 것은 협력하므로 일을 효과적으로 할 수 있기 때문이다. 만일 두 사람 중 하나가 넘어지면 다른 사람이 그를 도와 일으킬 수 있으나 혼자 있다가 넘어지면 그를 도와 일으켜 주는 자가 없으므로 그는 어려움을 당하게 된다." (전 4:9~10, 현대인)

이 말씀을 소리 내어 천천히 세 번만 읽어 보세요.

- 최근에 나를 위한 기도가 아니라, 타인을 위해 간절히 기도해 본 적이 있나요?

- 오늘 내가 '손잡아 주어야 할' 레드우드의 옆 나무는 누구인가요?

● 김목사의 짧은 묵상

성령님은 우리를 홀로 선 존재가 아니라, 서로의 생명에 잇대어 살아가는 연결된 개인으로 창조하셨습니다. 거친 세상에서 '함께 함'은 성령님이 주신 유일한 생존법이며, 우리는 그 사랑의 연결 안에서만 비로소 온전해집니다.

● 김목사의 Tip: '연결을 위한 아브라함 프로젝트'

혼자가 훨씬 편하죠? 하지만 고립은 결국 영혼을 마르게 합니다. 오늘, 문을 열고 사람 속으로 연결되십시오.

1. **[중보 알람: 기도]** 하루 1분, 나 말고 타인을 위해 기도하는 시간이 있나요?

- 오후 1시에 알람을 맞추세요. 남을 위한 기도가 막혀 있던 내 영혼의 물꼬를 틉니다.

2. **[작은 환대: 섬김]** 별일 없어도 지친 조원에게 커피 쿠폰을 보내는 건 어때요?

- "갑자기 생각나서"라는 메시지 하나가 아브라함의 '나그네 대접'입니다.

3. **[약함 공유: 용기]** 모임에서 "잘 지내요" 대신 "이세 힘들어요"라고 말해 보았나요?

- 나의 약함을 솔직히 내어놓을 때, 비로소 공동체와 생명의 뿌리가 얽힙니다.

이 세 가지 실천이 당신의 텐트를 넓힐 것입니다. 망설이지 말고 손을 내미십시오. 그래야 당신도 살고 우리도 삽니다.

● 김목사의 Tip: '연결을 위한 아브라함 프로젝트'

청년이 묻다) "목사님, 시대가 바뀌었잖아요. 저는 '유튜브 교회'로 예배 드리고, '인스타 DM'으로 친구들과 교제하고, 헌금은 '토스'로 보냅니다. 우리는 이미 초연결(Hyper-connected)되어 있다고요! 그런데 왜 자꾸 번거롭게 '만나라', '손잡아라' 강조하시나요? AI 시대에 굳이 육체적 접촉 이 필요할까요? 저는 온라인으로도 충분히 예수님 사랑하고, 외롭지도 않은데요?"

김목사가 대답하다) (웃음) 아이고, 우리 청년은 완전히 '21세기형 디지 털 성자(Saint)'시네요! 인정합니다. 와이파이만 터지면 전 세계 누구와도 연결되는 기적 같은 세상이죠.

하지만 청년, 먼저 우리가 한 가지를 구분해야 해요. 지금 청년이 말한 건 '외롭지 않다'는 감정이에요. 하지만 성경이 말하는 건 '사랑하라'는 행동 이에요. 온라인은 외로움을 덜어 주지만, 사랑을 연습할 기회까지 주지 는 않아요.

이찬수 목사님은 〈삶으로 증명하라〉에서 이렇게 경고했어요.

"우리는 매일같이 십자가 사랑에 대한 이야기를 듣다보니

이제는 그것에 너무 익숙해진 나머지 무덤덤해져 버렸다.
생생하게 움직여야 할 사랑이 추상적인 명사로 갇혀 버렸다.”

지금 청년이 말하는 '온라인 사랑'이 혹시 그런 건 아닐까요? 머리로는 예수님을 사랑하고, 손가락으로는 '좋아요'를 누르지만, 정작 내 몸은 방 밖으로 한 발짝도 나가지 않는 '명사형 사랑' 말입니다. 명사형 사랑은요 마음에 안 들면 차단 버튼 하나로 관계를 끊어버릴 수 있는, 내 맘대로 통제 가능한 사랑이에요.

하지만 청년, 기억하세요. **사랑은 명사가 아니라 '동사'입니다. 그리고 동사는 언제나 움직임을 요구합니다.**

그래서 이 구분이 정말 중요해요. 바로 '접속(Access)'과 '접촉(Contact)'의 차이입니다. 온라인은 우리를 '예수님을 사랑하는 팬(Fan)'으로 만들 수는 있습니다. 하지만 현장은 우리를 '이웃을 사랑하는 제자(Disciple)'로 만듭니다. **팬은 구경하지만, 제자는 현장에서 함께 땀을 흘립니다.**

진정한 사랑은 접속이 아니라 접촉에서 자라납니다.
예수님을 보세요. 그분은 왜 클라우드 서비스로 말씀만 전송하지 않으셨을까요?
왜 굳이 이 땅에 오셔서 사람의 얼굴을 보고, 손을 잡고, 눈물 젖은 뺨을 어루만지셨을까요?

사랑은 와이파이를 타고 흐르는 데이터가 아니라, 살과 살이 맞닿을 때 흐르는 체온이기 때문입니다. 아무리 기술이 발전해도 줌(Zoom)으로는 제자들의 발을 씻겨줄 수 없는 노릇이니까요.

그러니 청년, 이렇게 제안해 보고 싶어요. 이번 주엔 화면을 잠시 끄고 밖으로 한 걸음 나와 보세요. **사랑은 '관념' 속에 갇혀 있으면 썩지만, '현장'으로 나오면 생명이 됩니다.** 훗날 청년의 인생에서 태풍이 불어닥칠 때, 당신을 살리는 건 알고리즘의 위로가 아닙니다. 빗속을 뚫고 들어와 당신의 젖은 손을 꽉 잡아주는, 그 친구의 투박한 손입니다.

이번 주는 '로그인' 말고, 사람 냄새나는 밥 한 끼, 어떨까요? 당신의 그 용기 있는 발걸음을 응원합니다. 화이팅!

9장

듣고 싶은 말만 들으면
나만의 세상에 갇힌다

? 오늘의 질문

· 당신은 조언을 구하고 있나요, 아니면 동의를 구하고 있나요?

· 최근 누군가에게 듣기 싫은 '쓴소리'를 들었을 때, 당신의 첫 반응은 무엇이었나요?

1. AI는 나를 기억하고 있다

요즘 유튜브나 인스타그램을 켜면 깜짝 놀랄 때가 있다.

내가 딱 원하던 정보,

내가 딱 좋아할 만한 영상이 메인 화면에 줄지어 서 있다.

맞춤형 추천! 알고리즘은 나를 기억하고 있다.

"와, AI가 나를 정말 잘 아네?

내 마음을 알아주는 건 너밖에 없다."

때론 위로받는 느낌이고, 이해받는 것 같다.

나를 제대로 대접해 주는 것 같다.

하지만 문제는 바로 거기에서 시작된다.

AI는 나에게 도전하지 않는다.

AI는 나에게 불편한 질문을 던지지 않는다.

AI는 내가 틀렸을 가능성을 굳이 말해 주지 않는다.

결국 나는

'나와 비슷한 생각'만 가득한 방에 앉아

점점 더 확신에 찬 채,

점점 더 좁은 세계에 갇히게 된다.

결국 나는 세상과 소통한다고 생각하지만,

내가 스스로 쌓아 올린 '거울 방'에 혼자 앉아 갇혀 있는 셈이다.

그 안에는 수천 명의 '나'만 존재한다.

내 생각이 곧 정답인 세상.

이곳은 안락하고 쾌적하지만,

아쉽게도 영혼이 성장할 수 없는 밀실이다.

2. 확증 편향은 위로처럼 다가온다

AI는 내가 틀렸을 가능성을 굳이 말해 주지 않는다.

심리학은 이것을 '확증 편향(confirmation bias)'이라고 부른다.

사람은 본능적으로 내 생각을 반박하는 정보보다는

자기 생각을 강화해 주는 정보에 더 끌린다.

그래서 **우리는 나를 불편하게 만드는 말은 '비판'이라 부르고,**

나를 안심시키는 말은 '사랑'이라 착각한다.

성경에는 이 달콤하고도 지독한 덫에 걸려 멸망한 왕이 있다.

바로 북이스라엘의 아합 왕이다.

전쟁을 앞둔 아합은 400명의 선지자를 모은다.

그들은 왕의 눈치를 보며 한목소리로 외친다.
"올라가소서! 하나님께서 승리를 주실 것입니다!"
그들은 왕이 듣고 싶은 말만 골라서 들려주는
일종의 '인간 알고리즘'이었다.

하지만 단 한 사람, 미가야 선지자는 달랐다.
그는 왕의 패배와 죽음을 예언했다.
듣기 싫은 직언을 날린 것이다.

그때 아합 왕이 보인 반응이 압권이다.
"내가 당신에게 말하지 않았소?
저 사람은 나에게 좋은 일은 예언하지 않고,
나쁜 일만 예언한다고 말이오!"

아합은 선지자의 자신을 살리려는 경고를
'비판'이라는 이름의 '비난'으로 받아들였다.

결국 그는 미가야를 감옥에 가뒀다.
오늘날로 치면,
내 귀에 거슬리는 유튜버를
'차단'하고 '구독 취소' 해 버린 것이다.

그 오만의 대가는 참혹했다.

아합은 400명의 달콤한 거짓말을 믿고 전쟁터로 향했고,

예언대로 비참한 죽음을 맞이했다.

엄밀히 말해 그는 적군이 쏜 화살에 맞아 죽은 것이 아니다.

진실을 듣는 귀를 닫아 버린 그 순간,

그는 이미 죽어 있었던 것이다.

3. 공동체의 음성은 종종 '거슬린다'

AI는 나에게 '편안함'을 준다.

공동체는 나에게 '마찰'을 준다.

우리는 본능적으로 마찰을 싫어한다.

매끄럽고 부드러운 것을 원한다.

그러나 매끄러운 것이 언제나 좋은 건 아니다.

만약 세상의 마찰력이 '0'이 되면 어떻게 될까?

우리는 단 한 걸음도 앞으로 나갈 수 없다.

바퀴는 제자리에서 헛돌고,

모든 존재는 미끄러져 부딪히고 깨질 것이다.

우리 가족은 한때 산 중턱을 깎아 집을 짓고 산 적이 있다.

21세기에 인터넷 선조차 들어오지 않는 산속.

식수는 계곡물을 끌어다가 썼고,

가장 가까운 마을까지는 걸어서 25분이 걸렸다.

그럼에도 자연 속에 파묻혀 사는 삶은 참 좋았는데,

딱 하나 공포스러운 것이 있었다. 바로 눈이었다.

좁은 비탈길에 눈이라도 쌓이면, 그곳은 미끄럼틀로 변했다.

어느 날, 눈 덮인 길을 차로 호기롭게 내려가다가

쭉 미끄러진 적이 있었다. 브레이크를 밟으니 차가 돌았다.

길 중턱 언덕에 바퀴가 걸려서 천만다행으로 멈췄지,

조금만 더 미끄러졌다면 낭떠러지로 굴러떨어졌을 거다.

그 뒤, 나는 눈발만 날리면 일단 스노우체인을 감았다.

덜덜거리는 소음, 엉덩이로 전해지는 거친 진동.

그게 얼마나 거슬리고 불편한지 모른다.

하지만 일부러 마찰력을 높여야만,

차가 미끄러지지 않고 큰길까지 안전하게 내려갈 수 있었다.

　　　　　　　　　　AI에게 묻고 성령님께 듣다

그때 깨달았다. 우리의 인생도 이와 똑같다는 것을.

성령님께서 왜 우리에게 공동체라는
번거로운 스노우체인을 채워 주셨을까?
왜 "그건 아니지"라는 껄끄러운 소리를 듣게 하실까?

인생의 '마찰력'을 높여 주시기 위함일지도 모른다.
내 인생이 헛돌지 않도록,
욕망의 비탈길에서 미끄러지지 않도록 말이다.

기억하자.
이 미끄러운 빙판길 같은 세상에서
나를 낭떠러지로 떨어지지 않게 붙잡아 주는 것은,
매끄럽게 잘 빠진 AI의 알고리즘이 아니다.
덜덜거리는 소음을 내더라도
바닥을 꽉 물어주는 투박한 스노우체인 같은 사람들이다.

4. 왜 성령님은 '공동체'를 통해 말씀하실까

인간의 눈은 구조적으로 밖을 향해 달려 있다.
그래서 남의 허물은 기가 막히게 잘 찾아내면서,

정작 자기 자신은 보지 못한다.

이것이 인간이 가진 시각적인 한계,
바로 '블라인드 스팟(Blind Spot, 사각지대)'이다.

아무리 시력이 2.0인 사람이라도,
자기 등 뒤에 묻은 먼지는 스스로 볼 수 없다.
우리는 스스로를 객관적으로 본다고 착각하지만,
사실은 '자기합리화'라는 거울로
보고 싶은 모습만 비춰 볼 뿐이다.

나라고 다를까. 나 역시 그렇다.
욕망을 그럴듯한 논리로 포장하는 데 선수다.
"이건 상황상 어쩔 수 없었어", "다 이유가 있는 거야"라며
스스로에게 면죄부를 준다.

AI는 내가 입력한 프롬프트,
즉 겉으로 드러난 말은 정교하게 분석해 주지만,
그 말 뒤에 숨은 나의 욕망을 향해선
아무런 질문도 던지지 않는다.

   AI에게 묻고 성령님께 듣다

하지만 공동체는 다르다.

그들은 말이 아니라 마음을 읽는다.

"형제님, 왜 꼭 지금이어야 합니까?"

"자매님, 정말 성령님을 위한 것 맞나요?"

내 등 뒤를 볼 수 있는 유일한 존재는

내 곁에 있는 '타인'뿐이다.

성령님은 바로 그 타인의 입을 빌려,

내가 아무리 애써도 볼 수 없는 나의 사각지대를 조명하신다.

그 불편한 간섭이,

사실은 나를 가장 안전하게 지키는 '사랑의 시선'이기 때문이다.

5. 듣기 싫은 소리가 나를 살린다

우리는 본능적으로 '내 편'을 찾는다.

내 말에 공감해 주고,

내 뜻이 맞다고 지지해 주는 소리를 듣고 싶어 한다.

하지만 성경은 그 달콤한 본성에 찬물을 끼얹는다.

성경은 명확히 말한다.

듣고 싶은 말만 듣는 것은 '취향'의 문제가 아니라,

'이기심'의 문제다.

자기 마음대로 하고 싶은 욕망이

타인의 충고를 차단하게 만드는 것이다.

우리가 '옳다'고 믿는 것은, 사실 객관적인 진리가 아니라

'나에게 편한 것', '나에게 이득이 되는 것'일 때가 많다.

AI는 나의 이 '주관적 옳음'을 데이터로 강화해 주지만,

공동체는 나의 숨은 동기를 점검해 준다.

오늘도 공동체는 나에게 묻는다.

"잠깐만요! 충분히 기도해 보신 거 맞죠?"

"만약 성령님이라면 어떤 선택을 하셨을까요?"

    AI에게 묻고 성령님께 듣다

6. 그래서 나는 오늘도 '노(No)'를 기꺼이 받아들인다

"성령님이 말할 수 없는 탄식으로

우리를 위해 기도해 주십니다." (롬 8:26下, 현대인)

이 말씀 앞에 설 때마다, 나는 한참을 머무르게 된다.

왜 성령님은 그냥 기도하시지 않고, 탄식하실까?

어쩌면 우리가 듣고 싶은 말(Yes)에 취해,

정작 내 영혼을 살리는 쓴소리(No)를

외면하고 있기 때문은 아닐까?

내가 보지 못한 사각지대 니머 닝띠러지를 향해,

우리가 너무 해맑게 달려가고 있기 때문은 아닐까?

그래서 깨닫는다.

역설적이게도 **내 마음을 지키는 가장 확실한 방법은,**

내 마음대로 하지 않는 것이다.

내 입맛에 딱 맞는 AI의 'YES'보다,

내 자존심을 긁는 공동체의 불편한 'NO'에 귀를 기울이는 것.

앞서 말했듯, 그것만이 내 영혼의 미끄러짐을 막는

유일한 스노우체인이기 때문이다.

이제 이런 선택을, 한 번 연습해 보자.

오늘 누군가 내 의견에 반대하며 막아설 때,
반사적으로 화를 내거나 숨기보다,
대신, 숨을 고르고 이렇게 되물어 보는 것이다.

"당신의 그 아픈 No 속에,
혹시 성령님이 내게 주시는 숨겨진 Yes가 들어 있나요?"

어린아이 같은 투정을 내려놓고
이런 기도를 마음에 새겨도 좋겠다.

"성령님, 저를 위로만 해주는 사탕 같은 말이 아니라
저를 바르게 세우는 말을 듣게 해 주십시오.
그것이 쓴 약이라도, 저를 살리는 약이라면 기꺼이 삼키겠습니다."

그리고 이번 주 모임에서는,
나의 확신을 내려놓고 공동체 앞에 이렇게 물어보는 것이다.

"제 생각은 이런데… 여러분 보시기엔 어떤가요?"

"혹시 제가 놓치고 있는 게 있나요?"

"이기적인 사람은 자기 마음대로만 하려 하고 남의 충고를 무시한다." (잠 18:1, 현대인)

- 혹시 나는 기도를 할 때조차 성령님께 내 뜻을 관철시키려는 '답정너' 기도를 반복하고 있지는 않나요?

- 최근, 누군가의 지적이나 조언을 듣고 내 생각이나 태도를 고쳐 본 경험이 있나요?

● **김목사의 짧은 묵상**

듣고 싶은 말만 골라 듣는 건 '경청'이 아니라 '편식'입니다. 편식은 몸을 망치고, 편청(偏聽)은 영혼을 망칩니다. AI는 달콤한 'Yes'로 나를 거울 방에 가두지만, 성령님과 공동체는 아픈 'No'로 그 방을 깨뜨리십니다. 내 자존심을 긁는 그 거슬리는 소리가, 실은 내 영혼을 살리는 유일한 숨구멍입니다.

● **김목사의 Tip: '답정너 탈출을 위한 30초 룰'**

누군가 내 기분을 상하게 하는 충고를 했을 때, 즉각적으로 반박하거나 마음의 문을 닫지 말고 딱 30초만 심호흡을 하세요. 침묵하세요. 그리고 이렇게 자문해 보세요.

1. **[처음 10초: 감정 분리]** "솔직해지자. 지금 기분 나쁜 건 저 말이 '틀려서'인가, 아니면 내 자존심이 '찔려서'인가?"
2. **[중간 10초: 팩트 체크]** "저 말에 그/그녀의 진실이 담겨 있는가?"
3. **[마지막 10초: 태도 전환]** "성령님이 지금 저 사람의 '입'을 빌려, 내가 못 보는 사각지대를 비추시는 건 아닐까?"

이 30초의 멈춤이 당신을 안전한 길로 인도할 것입니다. 30초를 참지 못해 뱉은 말로, 30일을 후회하지 마십시오.

끝으로, 청년의 질문과 김목사의 대답

청년이 묻다) "목사님, 솔직히 교회 어른들이나 선배들이 하는 말은 '조언'이 아니라 그냥 '지적질' 아닌가요? '요즘 애들은 끈기가 없어', '기도가 부족해'… 이런 말 들으면 반성은커녕 반발심만 생겨요. 그렇다고 본인이 엄청나게 모범이 되는 것도 아닌 것 같은데 말이죠. 차라리 저를 존중해 주는 AI랑 대화하는 게 낫지, 왜 굳이 상처 받아가며 그 꼰대 같은 소리를 들어야 하죠?"

김목사가 대답하다) 아이고, 우리 청년! 그 마음 200% 이해합니다. 격하게 공감해요. 맞아요. '애정 어린 조언'과 '무례한 지적질'은 종이 한 장 차이인데, 듣는 사람은 기가 막히게 알죠. 밥 사주면서 하는 말은 조언이고, 맨입으로 하는 말은 잔소리라는 명언도 있잖아요? (웃음)

실제로 목회데이터연구소에서 청년들이 교회를 떠나는 이유를 조사한 적이 있어요. 결과가 충격적입니다. 청년들이 교회를 떠나는 결정적 이유 1위가 뭔지 아세요? 신앙이 없어서가 아니에요. 무려 53%가 '지도자(어른)들의 언행 불일치' 때문이라고 답했어요. 말과 삶이 다르다는 거죠. 그뿐만이 아니에요. '소통이 안 되는 권위적인 태도', 자기들끼리만 챙기는 '배타적인 문화'… 이게 청년들이 꼽은 '손절'의 이유였습니다.

인정합니다.
저와 같은 목회자, 그리고 어른들이 청년들에게 '본(Model)'이 되지 못하고 '짐(Burden)'이 되어 버렸습니다. AI는 예의 바르고 깍듯한데, 어른들은 무례하고 위선적이니 그 입에서 나오는 '쓴소리'가 약이 아니라 '독'처럼 느껴지는 게 당연하죠.

사실 저도 교회에서 사역하면서 이런 기분을 느껴본 적이 많아요. 전임 전도사나 부목사 시절에 그런 기분 참 많이 느꼈어요. 나이 많은 어른들이나 선배 목사님들이 함부로 대할 때면 속으로 '당신이나 잘하세요'라는

AI에게 묻고 성령님께 듣다

말이 목구멍까지 차올랐거든요. 그런데 억울해서 잠이 안 오던 어느 날, 문득 이런 생각이 들더라구요.

'이건 택배 박스다.'

청년! 우리 택배 오면 엄청 반갑잖아요? 오매불망 기다리죠. 막 택배가 어디쯤 도착했는지 앱까지 확인해 가면서. (웃음) 그런데 종종 택배 박스가 찌그러져서 도착할 때가 있어요. 기분이 나빠요! 그렇다고 바로 반품을 요청하나요? 아니에요. 우리는 내용물을 기다린 거지 박스를 기다린 건 아니니까요. 박스는 어차피 버릴 거잖아요.

어른들의 조언? 미안하지만 택배 상자처럼 엉망진창일 때기 많아요. 꼰대 같고, 투박하고, 때론 분명히 기분도 나빠요. 하지만 그 찢어진 상자 안에, 나를 살릴 진실이 단 1%라도 들어 있다면요? 그 속에 성령님이 나에게 들어야 할 메시지를 몰래 섞어서 주신 것이라면요?

우리가 가져야 할 능력은 더러운 상자를 보고 반품해 버리는 능력이 아니라, 찌그러진 상자 속에서 알맹이(메시지)만 쏙 빼내는 '영적 언박싱' 능력입니다. 이게 '영적분별력'입니다.

오늘 청년의 기분을 상하게 한 그분의 말투나 표정(포장 박스)는 과감하게 버리세요. 저도 같이 버려 드릴게요. 하지만 그 안에 담긴 진짜 메시지까지는 버리지 마세요. 반품시키지 마세요. 어차피 인생의 택배 박스는 앞으로도 자주 찌그러져서 오게 되어 있거든요. ^^;;

기분 나쁜 어른 때문에 내 영혼의 성장까지 포기하지는 마세요. 그건 내가 너무 손해잖아요. 오늘부터 우리 딱 하나만 연습합시다. **포장 박스는 찢어서 버리고, 알맹이만 챙기기.** 물론 쉽지는 않겠지만, 우리 함께 노력해 보아요. 이게 진짜 똑똑한 청년이 이기는 방법입니다. (그렇다고 항상 뜯을 필요는 없어요. 정말 아니다 싶으면 과감하게 반품해도 됩니다) 화이팅!

   AI에게 묻고 성령님께 듣다

4부

실천하다

도구를 다스리고,
영혼을 지키다

10장

정답은 AI에 있지만,
해답은 멈춤에 있다

· 궁금한 게 생기면 잠시 스스로 생각해 보나요, 아니면 곧바로 '검색창'을 켜나요?

· 최근 멍하니 창밖을 보거나, 핸드폰 없이 사색에 잠겨 본 시간이 언제였나요?

1. 일단 어깨부터 펼까?

요즘 청년들의 뒷모습을 보면 마음이 참 짠하다.

최근에 만난 한 청년도 그랬다.

"목사님! 너무 미친 듯이 바빠요.

그런데 이 바쁨이 도대체 무슨 의미가 있는지 모르겠어요.

어디서부터 어떻게, 손을 대야 할지 모르겠어요."

그 절박한 호소 앞에, 내가 건넨 첫 마디는 이것이었다.

"일단, 어깨부터 펼까?"

마음이 엉켜 풀 수 없을 땐, 가장 쉬운 몸부터 펴야 한다.

몸이 펴져야 마음에도 숨 쉴 틈이 생기기 때문이다.

사실 이건 나 자신에게 하는 말이기도 하다.

목사인 나라고 왜 주저앉고 싶은 날이 없겠는가.

그래서 나는 아예 집 현관에 '비장의 현수막'을 붙여 놨다.

내 얼굴 사진을 대문짝만 하게 박아 넣고,

그 옆에 궁서체로 이렇게 썼다.

"어깨 펴라! 된다!"

피식 웃음이 나오겠지만, 효과는 확실하다.

현수막을 보고 억지로라도 어깨를 쫙 펴는 순간,

짓눌려 있던 마음에 아주 작은 여유가 찾아오기 때문이다.

그런 마음으로 나는 섣부른 조언 대신 책을 건넸다.

군인 장교 정상근 씨가 쓴 〈잠깐, 멈춰서, 생각〉이란 책이었다.

저자는 이렇게 말한다.

"생각에는 성찰의 힘이 있다.

잠깐, 멈춰서, 생각하는 것만으로도 많은 것이 바뀔 수 있다.

문득 바쁜 내 삶이 무의미하게 느껴질 때

잠깐, 멈춰서, 생각하라."

이 시대 대부분의 청년들이 느끼는 '무의미함'은

그들이 게을러서가 아니다.

오히려 너무 바쁘게 달리느라,

'멈춰서 생각할 시간'을 도둑맞았기 때문이다.

AI 시대, 우리는 질문이 생기면 1초 만에 답을 찾는다.

하지만 신앙은 속도가 아니라 방향이다.

정해진 답을 빨리 찾는 것보다 더 중요한 것은,

가끔 멈춰 서서 내 삶을 스스로 생각해 보는 힘이다.

스스로 질문하고, 스스로 답을 찾아가는 그 치열한 과정.
어쩌면 그것이 성령님이 우리에게
가장 가르치고 싶으신 태도가 아닐까?

2. 생각의 근육이 점점 사라지고 있다

멈춰 서서 생각한다는 것,
말이 쉽지 참 어려운 일이다.

예전에 버스를 타고 가다가
차창 밖으로 펄럭이는 현수막 하나를 본 적 있다.
'2022 한강 멍때리기 대회'

처음엔 '저게 무슨 짓이지?'라는 실소가,
다음엔 '음… 그렇네'라는 수긍으로,
마침내 '아, 저거 괜찮네'라는 감탄으로 바뀌었다.

문화심리학자 김정운 박사는
〈가끔은 격하게 외로워야 한다〉에서

아주 흥미로운 이야기를 했다.

"인간 사유의 본질은 '날아다니기'다.

멍하니 있을 때 생각은 날아다닌다."

생각이란 레일 위를 달리는 기차가 아니다.

하늘을 자유롭게 날아다니는 새와 같다.

아무 목적 없이 멍하니 창밖을 볼 때,

흩어진 정보들이 창의적으로 연결된다.

그런데 여기에 놀라운 영적 비밀이 하나 숨어 있다.

성령님은 바로 '그 날아다니는 틈',

우리가 의도적으로 비워 낸 그 고요한 여백 사이로 찾아오신다.

하지만 AI와 스마트폰은 우리에게서

이 '거룩한 멍 때리기', 사유의 시간을 빼앗아 갔다.

우리는 침묵을 견디지 못하게 되었다.

틈만 나면 검색하고, 숏폼 보고,

SNS에 '좋아요' 누르기로 정신이 없다.

뇌가 날아다닐 틈, 성령님이 말을 거실 틈,

그 틈을 단 1초도 허락하지 않는다.

우리 뇌에도 근육이 있다. 바로 '사유(思惟)의 근육'이다.

AI가 떠먹여 주는 요약본만 받아먹다 보면,

편리함은 얻지만 스스로 씹고 소화하는 힘은 잃어 간다.

훗날 인생의 고난이라는 딱딱한 음식을 만났을 때,

씹을 힘이 없어 체하고 말 것이다.

우리는 지금 편리함의 대가로

심각한 '영적 근손실' 상태가 되어가고 있다.

3. 생각하지 않으면 '확신에 찬 바보'가 된다

생각하기를 멈추면(영적 근육이 빠지면) 어떻게 될까?

단순히 머리가 나빠지는 게 아니다.

인격이 딱딱하게 굳는다.

즉, 인격이 고집스러워진다. 이게 진짜 위기다.

프랑스 심리학자 장 프랑수아 마르미옹은

〈내 주위엔 왜 멍청이가 많을까〉에서 다소 과격한 말을 했다.

"멍청한 인간은 생각하지 않고,

설득당하지 않으며, 고민하지도 않는다.
자신의 생각이 맞다고 확신할 뿐이다."

섬뜩하지 않은가?
AI는 우리에게 '고민 없는 확신'을 준다.
내가 듣고 싶은 답을 빠르게 제시한다.

과정이 생략된 정답에 익숙해지면,
우리는 스스로 고민할 이유를 잃어버린다.
그렇게 우리는 점점 '확신에 찬 바보'가 된다.

그러나 성령님의 방식은 정반대다.
성령님은 우리에게 즉각적인 '정답' 대신,
종종 거룩한 고민을 던져 주신다.
'이 선택이 진짜 맞는 걸까?'
'이 길에 사랑이 있는 걸까?'

치열하게 고민하고 회의하는 과정 없이 얻은 정답은
나를 지혜로운 사람이 아니라 '고집 센 괴물'로 만든다.

끔찍하지 않은가?

당신은 분명 교회의 꽉 막힌 누군가가 생각났을 것이다.

주위에 어떤 사람이 생각났을 수도 있다.

하지만 조심해야 한다.

성숙을 위한 사유의 시간이 생략된다면,

바로 내가 그 '확신에 찬 꼰대'가 될 수도 있으니까.

4. 멈춤은 낭비가 아니라 조절이다

우리는 멈추는 것을 두려워한다.

잠시라도 멈추면 남들보다 뒤처진다고,

이 경쟁에서 도태된다고 생각하기 때문이다.

그래서 우리는 엘리베이터를 기다리는 짧은 10초,

신호 대기 중인 1분조차 견디지 못한다.

불안한 눈으로 스마트폰을 켜고,

뉴스든 SNS든 무엇이라도 머리에 집어넣어야 안심한다.

그 결과가 무엇인가?

우리의 뇌와 마음은 '만성 과열' 상태가 되었다.

인터넷 로딩이 3초만 늦어서 화가 치밀어 오르고,
알림이 없는 고요한 상태를 견디지 못한다.
감정의 시소 타듯 하루에도 수백 번 오르락내리락.
정보는 넘치는데 마음은 텅 비어 버린
전형적인 '디지털 번아웃'이다.

〈하버드 회복탄력성 수업〉의 저자
게일 박사는 이런 우리에게 정반대의 처방을 내린다.

"잠시 멈추어 가도 좋다. **'잠시 멈춤'은 효과적으로**
자기 자신을 조절해 감정 불균형 상태를 바로잡을 수 있다."

자동차가 과열되면 엔진을 꺼야 한다.
마찬가지로 정보 과부하에 걸린 우리 뇌도
잠시 멈춤을 통해 열을 식혀야 한다.
그 멈춤의 시간에 성령님이 일하신다.

성령님은 우리가 분주하게 검색할 때가 아니라,
모든 창을 닫고 **잠잠히 멈춰 섰을 때 비로소 말씀하신다.**

   AI에게 묻고 성령님께 듣다

5. 성령님은 우리가 풍요로운 사람이 되길 바라신다

성경은 빠름을 축복이라고 말하지 않는다.

부지런함과 성급함을 냉정하게 구분한다.

부지런한 사람의 계획은 반드시 이득을 얻지만,

성급한 사람은 가난해질 뿐이다. (잠 21:5, 새번역)

AI 시대를 사는 우리에게 이 구절을 적용하면 어떤 뜻일까?

여기에서 '성급한 자'는 누구일까?

질문이 생기면 1초도 참지 못하고 AI에게 답을 구하는 사람이다.

과정을 생략하고 결과만 빨리 얻으려는 사람이다.

그 성급함의 대가는 가난이다.

돈이 없는 가난이 아니라, 생각의 빈곤이다.

남이 준 정답은 많은데,

정작 내 안에 쌓인 내 생각은 하나도 없는

영적 빈털터리가 되는 것이다.

반면 '부지런한 자'는 누구일까?

단순히 손발이 바쁘게 움직이는 사람은 아니다.

질문을 마음에 품고 씨름하는 사람,

즉 사유의 노동을 기꺼이 감당하는 사람이다.

그런 사람은 반드시 이득을 보게 된다.

단순한 지식의 축적을 넘어,

영혼이 깊어지고 넓어지는 '내면의 풍요'를 얻게 된다.

꼭 기억했으면 좋겠다.

성령님은 우리가 빠른 정답으로 '효율적인' 사람이 되기보다,

느린 사유를 통해 내면이 '풍요로운' 사람이 되기를 원하신다.

그 풍요로움을 위해 이렇게 한 번 해 보자.

지금 나를 정신없게 만드는 속도의 스위치를 끄고,

내면을 단단하게 만드는 밀도의 스위치를 켜는 것이다.

6. 검색의 속도를 끄고, 사색의 밀도를 켜라

물론 말처럼 쉬운 일은 아닐 것이다.

세상은 우리에게 더 빨리 검색하고,

더 빨리 정답을 내놓으라고 채찍질하니까.

AI에게 묻고 성령님께 듣다

하지만 오늘,

우리에게 이런 거룩한 결단이 있었으면 좋겠다.

빠름이 능력인 시대지만,

나는 기꺼이 느림을 선택하겠다.

궁금한 것이 생기면 반사적으로 스마트폰을 꺼내기 전,

딱 3분만!

그 충동을 멈추고 스스로에게 질문해 보자.

'이 문제의 본질이 뭘까?'

'성령님은 내가 어떤 마음을 갖길 원하실까?'

빠른 정답은 시간을 아껴 주지만,

느린 사유는 영혼을 살찌워 준다.

그러니 나는 오늘,

검색의 속도를 끄고, 사색의 밀도를 켠다.

우리가 앞에서 만났던 '시속 3마일',

성령님의 그 속도에 발을 맞춘다.

천천히 걸으며, 나지막이 묻는다.

"성령님! 지금 제가 어떻게 하면 될까요?"

ⓘ 오늘의 묵상

부지런한 자의 경영은 풍부함에 이르나, 조급한 자는 궁핍함에 이를 따름이니라. (잠 21:5, 현대인)

이 말씀을 소리 내어 천천히 세 번만 읽어 보세요.

- 내가 생각하는 부지런함과 성경이 말하는 부지런함은 어떻게 다를까요?

- 멈춤, 삶 속에서 내가 이것을 실천하기 위해 어떤 정리들이 필요할까요?

● **김목사의 짧은 묵상**

AI는 빠른 정답을 주지만, 멈춤은 깊은 해답을 줍니다. 검색은 뇌를 채우지만, 사색은 영혼을 채웁니다. 성령님과 함께 느린 사유를 통해, 인생의 엉킨 실타래를 푸는 지혜를 얻을 수 있습니다.

● **김목사의 Tip: '생각 근육을 키우는 3분 대기조'**

무엇인가 궁금해서 스마트폰을 켜고 싶을 때, 빨리 답을 찾고 싶은 마음이 간절할 때, 마음속으로 '3분 대기조'를 발동하세요.

1. [STOP: 멈춤] 검색하려는 그 손을 잠시 멈추셨나요? 일단 숨을 크게 한

번 쉬세요. 반사적인 검색 충동을 끊어 내는 것이 시작입니다.

2. **[THINK: 사유]** "내 생각은 뭐지?"라고 먼저 물어보았나요? 엉터리 가설이라도 좋습니다. 일단 내 생각을 먼저 정리해야 정보에 휘둘리지 않고 주인이 됩니다.

3. **[PRAY: 기도]** "성령님, 지혜를 주세요"라고 구했나요? 그 짧은 기도가 끝난 뒤에 검색해도 절대 늦지 않습니다. 순서만 바꾸어도 관점이 달라집니다.

이 짧은 3분이 당신을 '검색하는 기계'가 아닌 '생각하는 그리스도인'으로 만듭니다.

끝으로, 청년의 질문과 김목사의 대답

청년이 묻다) "목사님, 멈춤이 중요하다는 건 머리로는 알겠는데요. 솔직히 그건 배부른 소리 같아요. 지금 취업 시장이나 회사 분위기가 어떤지 아시죠? 효율이 곧 능력이에요. 남들은 AI 써서 3시간 걸릴 일을 10분 만에 끝내고 치고 나가는데, 저 혼자 '본질이 뭘까?' 하고 멈춰 있으면 '일 못하는 사람' 찍히는 건 순식간이라고요. 친구들은 FOMO(나만 뒤처질까봐 두려워하는 증후군) 때문에 잠도 못 자요. 현실적으로 멈추면 그냥 도태되는 거 아닌가요?"

AI에게 묻고 성령님께 듣다

김목사가 대답하다) 아… 우리 청년의 그 절박함이 저에게도 느껴지네요. 맞아요. 지금은 죽어라 달려야 겨우 제자리를 유지한다는 '레드 퀸'의 시대죠. 저도 '속도가 곧 생존'이라는 세상에 살다 보니, 멈추는 게 무서울 때가 있어요.

그런데 청년, 잠시 우리 냉정하고 전략적으로 생각해 봅시다. 남들이 AI를 써서 10분 만에 결과물을 낸다고 했죠? 그 말은 곧, 누구나 10분이면 '비슷한 수준'의 결과물을 만들어 낼 수 있다는 뜻이에요. 이제 빠른 속도나 매끈한 정보는 더 이상 당신만의 경쟁력이 될 수 없어요. 그건 기계가 훨씬 잘하니까요.

그럼 AI 시대에 진짜로 '대체 불가능한 사람'은 누구일까요? **남들이 AI로 1분 만에 뽑아 낸 '복사하기-붙여넣기' 답변에, 자신만의 '고유한 통찰' 1스푼을 얹을 줄 아는 사람**입니다. 이와 관련해 자기 계발 디렉터인 이다인 대표는 〈AI 전략수업〉에서 이렇게 말해요.

"생각 없이 복사만 하는 순간, 성장은 멈춘다. **AI 시대의 진짜 경쟁력은 빠르게 가져다 쓰는 능력이 아니라, 설계하는 능력이다.** AI 시대에 살아남는 사람은 잘 묻는 사람, 다르게 보는 사람, 그리고 자기 관점으로 질문을 다시 짜는 사람이다."

그 설계하는 능력, 자기만의 관점은 어디에서 나올까요? 남들이 달릴 때 과감하게 브레이크를 밟고 '왜?'라고 묻는 그 멈춤의 시간에서 나옵니다. 그리고 앞에서 말했지만, **그 시간이 바로 성령님이 내 인생에 개입하시는 골든타임입니다.**

생각해 보세요. 인생을 시속 100km로 폭주하고 있으면서, "성령님, 제 차에 타세요!"라고 외치면 누가 탈 수 있을까요? 청년이라면 탈 수 있겠어요? 안 죽으면 다행이죠! 성령님은 차가 멈춰야만 타실 수 있습니다.

저는 확신해요. 남들과 똑같이 달리면 당신은 기계의 부속품으로 전락하지만, 잠시 멈춰서 다르게 생각하면 당신은 기계를 부리는 주인이 됩니다.

그러니 멈춤은 도태가 아닙니다. 남들과 달라지기 위한 가장 고도화된 '차별화 전략'입니다. (그렇다고 막 10년씩 멈춰 있으면 곤란해요 ^^;) 불안해하지 마세요. 3분 멈춰서 생각한 당신의 한 줄이, 기계적으로 달린 남들의 100줄보다 훨씬 빛날 날이 반드시 옵니다.

성령님은 당신이 '빠른 기계'가 아니라 '깊은 사람'이 되길 원하세요. 그러니 여기까지 읽었다면 책장은 덮지 말고, (책은 끝까지 읽어 줘요^^) 우리 잠시, 멈추어, 생각해 볼까요? 당신의 용기 있는 멈춤을 응원합니다. 화이팅!

    AI에게 묻고 성령님께 듣다

11장

초안은 AI로 써도,
결론은 믿음으로 써야 한다

? 오늘의 질문

· AI가 틀린 답을 내놓았던 경험이 있나요? 언제였나요?

· 최근 AI의 조언과 성경 말씀을 비교해(Cross-check) 본 경험이 있나요? 어땠나요?

1. 용두사미(龍頭蛇尾) 신앙생활이란

"김전도사! 자네 설교는 시작은 창대한데 끝이 미약해!"

언젠가 설교 원고를 봐주시던 선배 목사님의 뼈아픈 조언이었다.

아픈 말은 왜 이리도 수명이 긴지.

그 말은 비수처럼 박혀 십수 년이 지난 지금도 나를 따라다닌다.

글을 쓰고 말을 전하는 사람들에게

'용두사미'라는 말만큼 두려운 성적표가 또 있을까?

머리는 용처럼 화려하고 웅장하게 시작했는데,

꼬리는 뱀처럼 흐지부지 끝나는 글.

그 허탈함은, 독자나 성도의 마음을 아주 멀리 보내버린다.

그런데 AI 시대를 사는 우리의 신앙생활이

자칫 이 모습이 될 수도 있다.

AI는 기막힌 초안을 준다.

"힘든 상황에서 위로가 되는 성경 구절을 찾아 줘."

1초 만에 수십 개의 구절과 해석을 쏟아낸다.

화려하다.

1. 용두사미(龍頭蛇尾) 신앙생활이란

'용의 머리'다.

그런데 손쉽게 가져온 그 말씀은
삶으로까지 내려오지 않는다.
말씀 앞에서의 치열한 씨름이 생략된다.
기도로 요리하고, 마음으로 씹어 삼키는 과정이 사라진다.

흐지부지.
남는 건 '뱀의 꼬리'다.

마치 욥기 8장 7절이 거꾸로 뒤집힌 것 같다.
"AI 덕분에 네 시작은 창대하였으나,
적용이 없어 네 나중은 심히 미약하리라."

신앙인의 실력은 훌륭한 초안에서 나오지 않는다.
초안이 좋은 것보다,
최종안이 좋은 것이 진짜 실력이다.

AI는 정교한 초안을 제시할 뿐,
그 활자들 사이를 기도로 메우고 영혼을 불어넣어
'믿음의 고백'으로 완성하는 일은

결국 당신의 몫이다.

2. 권위자의 오류에 빠진 우리

"잠시만요. 목사님! 제가 AI한테 한번 물어볼게요.
(잠시 후) 목사님! AI가 이게 맞대요."

요즘 청년들과 대화하다 보면 심심치 않게 듣는 말이다.
과거 교회의 절대 권위가 "성경에 이렇게 쓰여 있어요"였다면,
지금은 그 자리가 "AI가 이렇게 말해요"로 옮겨 간 듯하다.

우리는 권위자의 오류에 약하다.
권위 있는 대상의 말은 검증 없이 믿어버리는 심리.
예전엔 교수님이었다면, 요즘은 AI다.

AI는 방대한 빅데이터로 무장하고 있고,
말투마저 확신에 차 있다.
진짜 위험한 지점은 바로 여기다.
AI는 '모른다'라고 말하지 않는다.
대신 '그럴듯하게' 대답을 만들어 낸다.

그런데 문제는 기계가 아니라 우리다.

그 뻔뻔한 거짓말을 검증하려 하지 않는다.

왜? 일단 믿고 볼까?

첫째, 귀찮으니까.

둘째, AI가 나보다 똑똑하다고 믿으니까.

우리는 의심해야 할 때 의심하지 않고,

질문해야 할 때 질문하지 않는다.

하지만 분명하다.

AI는 진리를 말하는 존재가 아니라, 확률을 계산하는 기계다.

그 말을 성령님의 섭리보다 더 신뢰하는 순간,

우상숭배는 아주 조용히 시작된다.

신앙은 권위를 맹목적으로 믿는 종교가 아니다.

거짓이 난무하는 세상 속에서,

날선 검으로 진짜 진리를 분별해 내는 싸움이다.

3. 정보의 소비자에서 거룩한 편집자로

그렇다면 우리는 AI를 어떻게 대해야 할까?

위험하니까 쓰지 말아야 할까? 절대로 아니다.

우리의 정체성만 바꾸면 된다.

AI가 주는 정보를 단순하게 사용하는 소비자가 아니라,

진리로 그 정보를 걸러 내는 '거룩한 편집자'가 되어야 한다.

이 책이 당신의 손에 들려 있기까지

나에겐 너무나 고마운 '편집자'라는 조력자가 있었다.

편집자는 내가 쓴 초안을 독자처럼 편안하게 읽지 않는다.

말 그대로 매의 눈으로 읽는다.

팩트를 체크하고,

문맥을 뜯어보고,

불필요한 군더더기는 과감히 잘라낸다.

그렇게 하고도 끊임없이 나에게 되묻는다.

"목사님 이 문장 좀 어색하지 않아요?

저는 이 부분을 다르게 써야 한다고 생각해요."

그 치열한 거름망 덕분에,

비로소 책다운 책이 나오게 된 것이다.

우리 역시 마찬가지다.

AI가 쏟아내는 수많은 정보의 홍수 속에서,

내 영혼을 지키려면, **우리 모두가 거룩한 편집자가 되어야 한다.**

AI가 준 초안을 그대로 믿지 말고,

빨간펜을 들고 이렇게 작업해야 한다.

'삭제' - 성령님께서 원하시는 방향이 아님.

'강조' - 성경적 가치관에 잘 맞음.

'재작성' - 내 삶의 언어로 다시 씀.

정보는 AI에게 얻되,

결론은 내가 맺는 것이다.

거룩한 편집 능력이야말로,

AI 시대를 살아가는 그리스도인에게 진짜로 필요한 실력이다.

4. 팩트 체크를 넘어 진리 체크로

유능한 편집자의 핵심 역량은 누가 뭐래도 '검증'이다.

그들은 활자 앞에서 끊임없이 의심하고 체크한다.

"이게 정말 사실이야?"

하지만 그리스도인 편집자는 한 단계 더 나아가야 한다.

바로 '진리 체크'다.

AI가 그럴듯한 정보를 던져줄 때,

우리는 이렇게까지 물어볼 수 있어야 한다.

단순히 "이 정보가 정확한가?"를 넘어,

"이 정보가 성경적인가?"

"이 결론이 정말 성령님을 기쁘시게 하는가?"

왜냐하면 거짓은 생각보다 훨씬 정교하기 때문이다.

사탄은 결코 새빨간 거짓말만 하지 않는다.

99%의 정확한 정보 속에

1%의 교묘한 거짓을 슬쩍 섞어 놓는다.

"너의 행복이 가장 중요해."

"성공이 곧 축복이야."

그럴듯하고 달콤한 말로 포장해서 말이다.

이것은 마치 이단들이 성경을 인용하되
끝을 비틀어 버리는 것과 같다.
물 한 컵에 떨어진 독 한 방울이
물 전체를 마실 수 없게 만들 듯,
그 미세한 1%의 거짓이 우리의 영혼을 병들게 한다.

그래서 결국 묻게 된다.
그 1%의 독을 걸러낼 수 있는 기준은 무엇일까?
세상의 데이터가 아니라 오직 변하지 않는 '말씀'뿐이다.

5. 베뢰아 사람처럼 하라

성경에는,
이 '진리 체크'를 말이 아니라
삶으로 살아 낸 사람들이 등장한다.
사도행전 17장에 등장하는 베뢰아 사람들이다.

성경은 그들을 두고 아주 흥미로운 평가를 내린다.
단순히 '믿음이 좋다'가 아니라 '신사적이다'고 말이다.

생각해 보자.

당시 그들에게 말씀을 전한 사람이 누구인가?

당대 최대의 지성인이자 영적 거장, 바울이었다.

요즘으로 치면 전 세계가 주목하는 '슈퍼스타 설교자'였다.

만약 오늘 바울 같은 대가가 나에게 말씀을 전했다면,

나는 "아멘", "무조건 믿습니다."라고 외쳐 버렸을 것이다.

그 압도적인 권위 앞에서 감히 의심을 품는 건

불신앙처럼 보일 테니까.

하지만 베뢰아 사람들은 권위자의 오류에 빠지지 않았다.

그들은 바울의 말이라 하여 무턱대고 "아멘"하지 않았다.

그들은 설교를 들은 뒤,

집으로 돌아가 촛불을 켜고 성경을 폈다.

"정말 바울의 말이 성경적이야?"

"정말 저 해석이 성령님의 뜻과 맞아?"

AI에게 묻고 성령님께 듣다

놀랍게도 성경은 무조건 믿은 사람이 아니라,
권위 앞에서 생각을 멈추지 않은 이들을 칭찬했다.

AI 시대를 사는 우리 청년들에게 지금 가장 필요한 태도가,
바로 '베뢰아적 읽기'다.

AI의 답변은 참고하되, 절대 맹신하지는 말자.
최종 결재 도장은 반드시 성경을 확인한 후에 찍어야 한다.
결재권자는 AI가 아니라, 말씀과 성령님이어야 한다.

6. AI로 초안을 쓰지만, 마침표는 기도로 찍는다

이제 우리는 선택의 기로에 서 있다.

AI가 써 준 화려한 초안에 내 영혼을 그대로 맡길 것인지,
아니면 그 초안을 디딤돌 삼아
다시 거룩한 질문의 자리로 나아갈 것이지.

편리함에 취해 신앙의 결말을 흐지부지 맺는
슬픈 용두사미로 남을 것인지,
끝까지 묻고 씨름하여

마침내 화룡점정을 찍을 것인지.

물론 우리는 앞으로도
AI라는 유용한 도구를 손에서 놓지 못할 것이다.
그러나 그 사용의 경계선만큼은 분명히 그어야 한다.

질문은 AI에게 던져도 좋다.
하지만 무릎은 오직 성령님 앞에 꿇어야 한다.

궁금한 것이 생기면 AI에게 묻되,
그 대답을 손에 쥐고 다시 기도의 골방으로 들어가는 사람.

화려한 화면을 끄고,
낡은 성경책을 펼쳐,
베뢰아 사람들처럼 치열하게 묻는 사람.

AI가 써준 매끈한 초안 위에
묵상과 기도를 덧입혀,
믿음의 최종안을 완성하는 사람.

세상은 속도로 승부하지만,

    AI에게 묻고 성령님께 듣다

묵묵히 깊이로 승리하는 사람.

검색으로 시작했을지라도,

기도로 마침표를 찍는 사람.

이 혼란한 시대에,

당신은 바로 그런 거룩한 편집자가 될 수 있다.

베뢰아 사람들은 데살로니가 사람들보다 신사적이어서 간절한 마음으로 말씀을 받아들이며 그것을 확인하려고 날마다 성경을 연구하였다. (행 17:11, 현대인)

이 말씀을 소리 내어 천천히 세 번만 읽어 보세요.

- 나는 AI가 추천하는 내용을 검증 없이 내 생각으로 받아들이고 있지는 않나요?

- 어떤 정보를 접했을 때, "성경은 뭐라고 말할까?"라고 질문해 본 적이 언제인가요?

● 김목사의 짧은 묵상

AI가 준 초안은 도움이 되지만, 그것이 곧 나의 믿음은 아닙니다. 재료가 아무리 좋아도 간을 맞추지 않으면 요리를 망치듯, 말씀으로 검증되지 않은 정보는 내 영혼을 병들게 합니다. 오늘도 나는 속도를 내려놓고, 말씀과 성령 앞에서 삶의 최종안을 다시 씁니다.

● 김목사의 Tip: '진리 체크(Truth Check) 3단계'

AI의 답변이 너무나 그럴듯해 보일 때, 나도 모르게 '복사+붙여넣기' 하고 싶은 유혹이 들 때, 이 3단계를 발동하세요.

1. **[STOP: 의심하세요]** "이게 정말 성경적인가?" 일단 멈춰서 물음표를 던지세요. 1초의 멈춤이 영혼을 지킵니다.

2. **[CHECK: 대조하세요]** 인용된 성경 구절을 직접 펴서 읽어 보세요. AI가 인용한 구절이라도 앞뒤 문맥이 맞는지 내 눈으로 직접 확인해야 합니다.

3. **[EDIT: 편집하세요]** 말씀에 비추어 맞는 것은 취하고(강조), 틀린 가치관은 과감히 버리세요(삭제). 그리고 기도로 최종 결론을 맺으세요.

초안은 AI에게 맡기더라도, 그 끝은 반드시 말씀으로 검증하고 기도로 마침표를 찍는 '거룩한 편집자'가 되십시오.

청년이 묻다) "목사님, 솔직히 너무 번거로워요. 그냥 AI가 하라는 대로 해도 대충 맞던데요? 그리고 AI가 데이터를 기반으로 하니까 저보다 성경 지식도 더 많고 정확하지 않나요? 굳이 제가 성경책 펴서 일일이 팩트체크를 해야 하나요? AI가 내놓은 답이 은혜로우면 그냥 '아멘' 하고 넘어가도 되는 거 아닌가요? 결과만 좋으면 된 거 아닌가요?"

김목사가 대답하다) 하하, 우리 청년 질문이 아주 날카롭네요! 솔직히 인정할게요. 성경적 지식으로만 보면 AI가 저보다도 훨씬 똑똑합니다. (웃음) 그리고 "은혜로우면 그만 아니냐"는 말도 효율성을 생각하면 일리가 있어 보입니다.

그런 의미에서, 청년에게 퀴즈를 하나 낼게요. 성경에서 가장 처음으로 성경 구절을 인용해서 예수님을 시험한 존재가 누구일까요?

놀랍게도 사탄입니다. 마태복음 4장에 보면 광야에서 사탄이 예수님께 "뛰어내려라"라고 유혹할 때, 그냥 말하지 않았어요. 시편 91편의 말씀을 정확하게 인용했어요. "기록되었으되, 그가 너를 위하여 그의 사자들을 명하시리니…"라면서 말이죠.

보세요. 데이터 자체는 100% 정확했어요. 하나님 말씀이었으니까요. 하지만 그 맥락과 의도는 완전히 틀렸습니다. 만약 오늘 저와 청년이 사탄이 인용한 시편 91편 말씀만 믿고 아파트 5층에서 뛰어내려 볼까요? 천사가 받아주는 게 아니라, 119 구급대원이 받아주러 올 겁니다. 우리는 나란히 응급실에 누워있게 되겠죠. 하나님의 말씀은 그런 식으로 적용하면 큰일 납니다.

제가 하고 싶은 말은, **'성경 구절이 들어가 있다고 해서 다 진리는 아니다'**

   AI에게 묻고 성령님께 듣다

는 겁니다. AI가 악마라는 게 아니에요. 하지만 AI는 인터넷에 떠도는 수 많은 해석(때로는 이단적이고, 지극히 인본주의적인 해석)을 학습했습니다. 그래서 AI가 "너의 행복이 가장 중요해"라는 논리를 뒷받침하기 위해 성경 구절을 가져올 때, 겉으로는 사탄의 인용처럼 매우 성경적이고 은혜로워 보입니다. 하지만 청년도 잘 알잖아요. **'십자가의 희생'을 뺀 달콤한 복음은 '가짜 복음'일 확률이 높다는 것을요.**

우리가 번거로워도 성경을 다시 확인하는 이유는, AI를 무시해서가 아니에요. 예수님처럼 '기록되었으되'라고 받아치며, **내 영혼이 '그럴듯한 거짓'에 속지 않기 위해서입니다.**

청년은 단순한 정보의 소비자가 아니에요. 이번 장에서 계속 강조했지만, 우리는 '거룩한 편집자'가 되어야 해요. 편집장이 팩트 체크도 안 하고 기사 내보내면 어떻게 되어요? 그 신문사 문 닫아야 해요. 오보(誤報)로 가득 찰 테니까요. 조금 귀찮더라도 그 '거룩한 귀찮음'이 우리의 영혼을 가장 안전하게 지켜 줄 겁니다. 너무 쉽게 '아멘'을 허락하지 마세요! 화이팅!

스마트폰은 손에 쥐어도, 마음은 하늘에 두어라

? 오늘의 질문

· 당신이 AI를 대하는 태도는 어떤가요? 어떤 자세로 AI를 사용하고 있나요?

· 지금 당신의 영혼은 가장 많이 접속하는 곳은 어디인가요?

1. 현대판 세이렌의 노래: AI의 유혹

이 책의 마지막 원고를 다듬기까지 긴 시간이 걸렸다.

때론 하루에도 2번씩,

지친 몸을 이끌고 습관처럼 찾은 곳은 '별다방'이었다.

늦은 밤까지 부담 없이 머물 수 있는 그 공간에서,

나 역시 '세이렌(Siren)'의 유혹에 깊이 빠져 있었다.

초록색 로고 속의 여인, 세이렌.

그녀는 그리스 신화에서 아름다운 노랫소리로

뱃사람들을 홀려 파멸의 길로 이끄는 요정이다.

그 유혹이 얼마나 치명적이었던지,

영웅 오디세우스조차 살아남기 위해

귀를 밀랍으로 봉하고 자신의 몸을 돛대에 꽁꽁 묶었다고 한다.

별다방은 커피 향으로 온 세상 사람들을 홀리겠다는 야심으로

그 요정을 상징으로 삼았고,

그 의도대로 우리는 그곳으로 모여들고 있다.

언젠가 그 로고를 멍하니 바라보다가,

문득 등골이 서늘해지는 질문 하나가 스쳤다.

'지금 우리 시대의 진짜 세이렌은 커피가 아니라 AI가 아닐까?'

AI는 우리 귓가에 24시간 쉬지 않고 달콤한 노래를 부른다.

"머리 아픈 생각은 다 나에게 넘겨.

너는 그냥 편하게 즐겨."

그 노래는 너무나 매혹적이고, 가사는 기가 막히게 효율적이다.

나는 오디세우스처럼 몸을 돛대에 묶기는커녕,

오히려 지갑을 활짝 열어 그 유혹을 환영했다.

GPT를 구독하고, 그것도 모자라 제미나이와 퍼플렉시티까지.

나는 AI의 노래 앞에서 내 손을 묶는 대신,

신용카드를 꺼내 들었다.

우리는 지금 인류 역사상 가장 강력하고도 편리한,

현대판 세이렌의 노래를 듣고 있다.

당신의 귓가에도 들리는가?

저 달콤하고 위험한 AI의 노랫소리가.

2. 본다는 것은 곧 홀린다는 것이다

세이렌의 무기는 목소리뿐만이 아니었다.

전설에 따르면 그녀는 치명적으로 아름다웠다고 한다.

AI에게 묻고 성령님께 듣다

뱃사람들이 파멸의 바다를 향해 스스로 뱃머리를 돌린 까닭은,

황홀한 그녀의 자태에

먼저 마음을 빼앗겨버렸기 때문인지도 모른다.

그래서일까. 누군가 이런 말을 했다.

"본다는 것은 곧 홀린다는 것이다."

잠깐만 봐야지 했던 쇼츠를 1시간째 보고,

알고리즘이 차려준 화려한 코스 앞에서

우리는 시간 감각을 상실한다.

정신을 차렸을 땐 이미 깊은 후회만 남는다.

우리는 지금 신화 속 세이렌보다 더 화려하고,

더 자극적인 화면의 바다를 표류하고 있다.

하루에도 수천 개의 이미지가 우리 망막을 스쳐 지나간다.

우리는 스스로 선택해서 본다고 착각하지만,

사실은 화려한 미끼에 홀려

시선을 '낚인' 것인지도 모른다.

냉정하게 묻고 싶다.

당신의 눈은 지금, 주체적으로 '보고' 있는가?

아니면 '홀려' 있는가?

3. 시선이 머무는 곳에 영혼이 산다

사람은 생각보다 연약한 존재다.

눈이 머무는 곳에 마음이 닻을 내리고,

마침내 머무는 그곳이 나의 존재가 된다.

무엇을 보는지가 결국 나를 만든다.

맹자의 어머니가 세 번이나 이사를 했던 이유도

결국 이것 때문 아니겠는가.

그녀는 보는 대로 생각하게 되고,

보는 대로 살게 된다는 시각의 무서운 힘을 알고 있었다.

그렇다면 우리는 오늘 무엇을 보고 있을까?

보지 말아야 할 것은 보고 있고,

정작 봐야 할 것은 보지 못하고 있는 것은 아닐까?

스마트폰을 내려다보느라

고개 들어 하늘을 보는 법을 잊었고,

영상의 잔상들에 취해

침묵 속에 계신 성령님을 바라보는 영적 시력은 잃어버렸다.

시선의 방향이 영혼의 주소지라면,

지금 당신의 영혼은 어디에 주소지를 두고 있는가?

저 화려한 세이렌의 바다인가,

아니면 고요한 성령님의 품인가?

4. 지배당하지 않는 거룩한 자유

세이렌의 노랫소리가 들려오고,

화려한 영상이 눈을 홀리는 이 시대.

AI의 바다를 항해하는 우리가 가슴에 새겨야 할

단 하나의 원칙이 있다면,

그것은 사도 바울이 고린도 교회에 보낸 편지 속에

이미 담겨 있다.

모든 것이 내게 가하나 다 유익한 것이 아니요,

모든 것이 내게 가하나 내가 무엇에든지

얽매이지 아니하리라. (고전 6:12, 개역개정)

이 말씀을 AI 시대의 언어로 다시 읽어 보자.

첫째, "모든 것이 내게 가하나" (허용)

AI를 사용하는 것은 죄가 아니다.

그것 또한 성령님이 허락하신 지혜의 산물이다.

잘 사용하면 성경 공부를 돕는 탁월한 도구이자,

복음을 전하는 통로, 사람을 섬기는 수단이 될 수 있다.

기술 자체를 두려워할 필요는 없다.

둘째, "다 유익한 것은 아니요" (분별)

허용된 것과 유익한 것은 다르다.

AI가 내 불안과 욕망을 더 키운다면,

그것은 이미 '유익한 것'의 자리를 떠난 것이다.

더 많이 알고, 더 빨리 답을 얻는데도

정작 마음은 더 지치고 텅 비어 간다면,

멈춰 서서 다시 점검해야 한다.

셋째, "내가 무엇에든지 얽매이지 아니하리라" (주권)

핵심은 지배의 문제다.

AI를 많이 쓰느냐 적게 쓰느냐보다 중요한 것은

'내가 그 도구를 붙잡고 있느냐?

AI에게 묻고 성령님께 듣다

아니면 내가 그 도구에게 붙잡혀 있느냐?'다.

성령님께 붙들린 사람만이,
기계에 붙들리지 않을 수 있다.
그 거룩한 야성이 있는 사람은
언제든 과감하게 화면을 끄고 무릎을 꿇을 수 있다.

당신은 어떤가?
AI를 '사용'하는 사람인가?
아니면 AI에게 '사육'되는 사람인가?

5. 스마트폰을 덮어야 하늘이 열린다

지하철 풍경을 보면,
모두가 약속이나 한 듯 고개를 푹 숙이고 있다.
걸을 때도, 카페에서도,
심지어 사랑하는 이와 마주 앉은 순간에도 우리의 시선은
손바닥만 한 화면을 향해 꺾여 있다.

우리는 그 작은 사각형 세상 속에서 울고 웃고,
바쁘게 반응하느라 정작 중요한 질문을 놓친다.

"지금, 나는 어디로 가고 있는가?"

길을 잃는다는 것,
그것은 아무것도 모르기 때문이 아니라,
너무 많은 것을 보느라
정작 봐야 할 것을 놓쳤을 때 일어난다.
지금 우리가 딱 그렇다.

이런 우리에게 박노해 시인은
〈너의 하늘을 보아〉라는 시를 통해 위로를 건넨다.

"네가 자꾸 쓰러지는 것은
네가 꼭 이룰 것이 있기 때문이야

네가 지금 길을 잃은 것은
네가 가야만 할 길이 있기 때문이야…"

시인의 통찰처럼,
우리가 자꾸 넘어지고 길을 잃는 데는 이유가 있다.
우리가 가야만 하는 길이 있기 때문이다.

　　　　　　　AI에게 묻고 성령님께 듣다

성경은 이것을 사명이라 부른다.

그런데 그 길이 보이지 않고 막막할 때,
우리는 본능처럼 검색창을 연다.
하지만 시인은 다른 곳을 가리킨다.

"너의 하늘을 보아"

우리에게 그 하늘이 누구신가?
바로 성령님이시다.

그러니 이제,
손에 쥔 스마트폰을 잠시 덮자.
정답을 찾느라 화면을 내려다보느라,
우리를 하늘처럼 바라보고 계신
성령님의 시선을 놓치지 말자.

길이 막힐수록,
힘들수록, 고개를 들어라.
스마트폰을 덮어야, 비로소 하늘이 열린다.

6. AI 시대의 참된 제자도

이 책의 마지막 장에서,

우리는 다시 한번 같은 질문 앞에 선다.

책장을 덮는 이 순간에도 세상은 멈추지 않는다.

AI는 더 강력해질 것이고,

세상의 속도는 더 무섭게 질주할 것이다.

이 책을 읽었다고 해서

AI의 물결이 멈추지 않는다.

하지만 이 책을 읽으며 여기까지 함께 걸어온

우리의 자세는 변할 수 있다.

그리고 그 작은 변화가,

분명 당신과 나의 인생을 지켜 줄 것이다.

기억하라.

AI 시대의 참된 제자란,

기술을 거부하고 산으로 들어가는 자가 아니다.

기술의 한복판에 꼿꼿이 서서,

기술이 줄 수 없는 **영원한 가치를 붙잡는 사람**이다.

그러니 이제 다음의 3가지의 원칙을 가슴에 새기고

세상으로 나아가자.

AI 시대의 참된 제자란-

첫째, 접속의 순서를 바꾸는 사람이다.

아침에 일어나면 습관적으로 스마트폰을 들지 말자.

마음의 알림을 먼저 켜자.

"성령님, 오늘도 제 삶을 이끌어 주세요."

세상에 접속하기 전에,

먼저 하늘에 접속하는 거룩한 루틴을 만들자.

둘째, 인생의 결재 라인을 지키는 사람이다.

AI에게 묻고 많은 정보를 받자. 최대한 사용하자.

그러나 인생의 결재 서류는 성령님의 책상 위에 올려 드리자.

마지막 결정은 말씀에 비추어 내리는 사람,

그가 진짜 AI의 주인이다.

셋째, 속도보다 방향을 신뢰하는 사람이다.

세상이 "더 빨리, 늦으면 도태돼"라고 재촉할 때,

멈춰 서서 "성령님 이 방향이 맞나요?" 묻는 용기를 가지자.

남들보다 뒤처지는 것을 두려워하지 말고,

성령님과의 동행을 놓치는 것을 두려워하는 사람이 되자.

나,

너,

그리고 우리는,

AI 시대를 걷는 그리스도의 제자다.

… …

이제 당신의 삶으로 이 책의 마지막을 장식해 줬으면 한다.

그래서 나는 이 장의 마지막 문장에

일부러 마침표를 찍지 않았다.

이 문장은 당신의 고백으로 남겨두고 싶었기 때문이다.

흔들리는 세상의 한복판에서,

나는 AI에게 묻고,

성령님께 듣는,

그리스도인입니다

AI에게 묻고 성령님께 듣다

모든 것이 내게 가하나 다 유익한 것이 아니요, 모든 것이 내게 가하나 내가 무엇에든지 얽매이지 아니하리라. (고전 6:12, 개역개정)

이 말씀을 소리 내어 천천히 세 번만 읽어 보세요.

- 나는 지금 스마트폰을 '사용'하고 있나요, 아니면 '의존'하고 있나요?

- '무엇에든지 얽매이지 아니하리라'는 바울의 선언이 나의 고백이 되려면 어떻게 하면 될까요?

● 김목사의 짧은 묵상

배가 물 위에 떠 있는 것은 당연하지만, 배 안으로 물이 들어오면 침몰합니다. 성도가 세상(AI/디지털) 속에 사는 것은 당연하지만, 세상의 방식이 성도 안으로 밀려 들어오면 영혼은 가라앉습니다. 손은 스마트폰을 꽉 쥐되, 마음의 문은 하늘을 향해 활짝 열어 두세요.

● 김목사의 Tip: '거룩한 로그오프(Log-off) 챌린지'

하늘을 보려면, 땅의 창문을 잠시 닫아야 합니다.

1. **[TIME: 시간 정하기]** 주일 오전이나 밤 10시 이후, '나만의 로그오프' 시간을 정하세요. 최소 1시간은 확보하세요. 성령님과 독대하기 위한 거룩한 예약입니다.

2. **[DISTANCE: 격리하기]** 스마트폰을 눈에 보이지 않는 서랍이나 다른 방에 두세요. 물리적 거리가 마음의 거리를 만듭니다. 충전기도 멀리 두세요!

3. **[OPEN: 대면하기]** 창문을 열고 바람을 맞으며 입술로 고백합니다. "성령님, 기계의 소리를 끄니 성령님의 음성이 들립니다."

4. **[WRITE: 기록하기]** 검색 없이, 내 안에서 우러나오는 진짜 내 생각과 기도를 종이와 펜으로 적어 보세요. 삐뚤빼뚤한 글씨가 타이핑보다 훨씬 깊은 울림을 줄 겁니다.

기술을 다스리는 힘은 기술 밖, 하늘에서 옵니다. 일주일에 한 번, 의도적인 단절을 통해 무뎌진 영적 야성을 회복해 보세요.

끝으로, 청년의 질문과 김목사의 대답

청년이 묻다) "목사님, 마지막으로 진짜 솔직하게 하나만 더 여쭤볼게요. '하늘을 봐라', '성령님을 바라봐라.' 말은 참 멋있어요. 그런데 막상 고개를 들어 하늘을 보면 그냥 '허공'이잖아요. 아무것도 안 쓰여 있고, 침묵뿐이고요. 반면에 스마트폰을 보면 정보가 꽉 차 있잖아요. 당장 내일 날씨

AI에게 묻고 성령님께 듣다

도 알려주고, 주식도 보여주고요. 텅 빈 하늘을 쳐다보는 게, 꽉 찬 화면을 보는 것보다 정말 실질적인 도움이 되나요?"

김목사가 대답하다) 와, 좋은 질문이에요. 질문이 갈수록 날카로워지는데요? (웃음) 이번 장의 핵심을 정확히 찔렀어요. 맞아요. 청년 말대로 스마트폰은 정보로 '가득 차' 있고, 하늘은 '텅 비어' 보입니다.

그런데 청년, 그거 알아요? 우리가 숨이 막히는 건 방이 '텅 비어서'가 아니라 짐으로 '가득 차서'일 때가 더 많다는 사실을요. 상상해 봐요. 집에 문을 열었는데, 발 디딜 틈도 없이 가구며 온갖 장식들이 가득하다면… 너무 답답하지 않을까요?

스마트폰은 거울과 같아요. 거울은 정보를 보여주지만, 결국 그 안에 있는 건 나와 사람들이 만든 데이터뿐이에요. 아무리 들여다봐도 내가 갇혀 있는 방 '너머'를 보여주지는 못해요. 우리가 스마트폰을 보고 난 이후에도 답답함을 느낄 때가 많아요. 그곳은 정보로만 가득 차 있을 뿐, 진정한 출구가 없는 닫힌 방이기 때문이에요.

반면 **하늘을 본다는 건 창문을 여는 행위에요.** 방 안이 답답할 때 우리가 가장 먼저 하는 일이 뭐죠? 창문부터 열지 않나요? 창문을 열어야 갇혀 있던 공기가 바뀌고, 내 방보다 훨씬 광활한 세상이 있다는 걸 깨닫게 되니까요. 그렇게 시야가 열리게 되는 것이죠.

"하늘을 보면 아무것도 안 보인다"라고 했죠? 아니에요. 아무것도 없는 것이 아니라, **'내 문제보다 크신 분'이 거기 계신 겁니다.**

스마트폰은 우리에게 날씨를 알려주지만, 하늘을 바라볼 때 성령님은 우리에게 계절을 느끼게 해 주세요. 스마트폰은 '어떻게 빨리 갈까?'를 가르쳐 주지만, 침묵하는 하늘은 '왜, 어디로 가느냐?'를 묻게 만듭니다.

고개를 드는 순간, 우리의 시선이 '땅의 문제'에서 '하늘의 주권'으로 옮겨 갑니다. 그때 비로소 AI의 데이터가 결코 말해주지 못하는, 성령님의 세미한 음성이 들리기 시작합니다.

"애야, 네가 보고 있는 그 작은 세상보다 내가 지은 하늘이 더 크단다."
"네가 고민하는 그 문제보다, 너를 향한 나의 계획이 훨씬 더 크단다."

이 압도적인 크기의 차이를 느끼는 것. 그것이 바로 성령님의 음성을 듣는 것입니다.

자, 이제 진짜 마지막입니다.
당신의 질문은 AI에게 던지더라도, 당신의 인생을 이끄는 그 결정적인 한

마디는, 반드시 저 높은 하늘, 성령님께 들으시기를 축복합니다.

스마트폰은 손에 쥐어도,

마음은 하늘에 두세요. 화이팅!

끝이 아니라, 걸음의 시작이다

이 말을 꼭 전하고 싶었다. **고맙다. 참 많이.**
이 치열하고 긴 여정을 끝까지 함께 해 주어서.

책을 쓰는 시간은 생각보다 훨씬 외롭고 힘들었다. '출간하지 말까?'라며 수백 번 포기하고 싶었고, 매일 쏟아지는 새로운 기술들 앞에서 목회자인 내가 무엇을 말할 수 있을지 막막했다. 때로는 내가 시대에 뒤처진 사람이 된 것 같아, 조용히 숨고 싶을 때도 있었다.

그런데 마지막 페이지를 쓰는 지금, 이상하게 외롭지 않다. 비록 당신의 얼굴은 알지 못하지만, 우리는 깊은 친구가 된 것 같다. 나의 고민과 당신의 고민이 이 활자들 사이에서 만나 서로를 알아보았고, 함께 답을 찾아 헤맸던 시간들이 우리를 하나의 편으로 묶어주었다. 같은 길을 걷는 사람들, 나는 그 말이 좋다. 동지(同志)라는 이름도 괜찮다.

이제 우리는 책 밖의 세상으로 나가려 한다. 한 가지는 분명하다. **모든 것은 변할 것이다.** 어제의 정답이 오늘은 오답이 되고, 익숙했던 방식은 어느 날 갑자기 무력해질 것이다. AI라는 거대한 파도는 멈추지 않고 우리를 향해 밀려올 것이다. 그러니 같은 길을 걷는 이로서, 마지막으로 한 가지 부탁하고 싶다.

이 거대한 흐름 속에서 남들의 정답을 베끼지 말고, 각자에게 맞는 **'현실적인 해법'**을 찾길 바란다. 단순히 이 책을 읽고 "좋은 내용이었어. 그래 신앙은 이게 맞는 거지"라며 덮어 버린다면, 그것은 저자의 의도와 가장 멀어지는 일이다.

책은 덮더라도, 실천은 펼쳐 주길 바란다. 3분간 멈춰 서는 것, 스마트폰을 서랍에 넣는 것, 싫은 소리에 귀를 기울여 보는 것. 아주 작은 것이라도 좋다. 당신의 일상에서 '단 하나'라도 실천해 주길 바란다. 그 작은 저항이 당신을 세상의 부속품이 아닌, 하나님 앞에서 '자기 삶을 사는 사람'으로 다시 세워 줄 것이다.

덧붙여, 앞으로 수만 가지의 선택이 당신을 기다릴 것이다. 그때마다 가장 효율적인 답을 주는 AI의 유혹은 더 거세질 것이다. 부디 그 혼란 속에서도, 우리가 나누었던 이 질문 하나만큼은 잊지 않았으면 좋겠다.

"당신의 그 결정 속에, 성령님의 음성이 들어 있는가?"

자, 이제 진짜 당신의 삶을 살러 갈 시간이다. 두려워하지 말자. 당신은 혼자가 아니다. 나와 당신, 그리고 이 시대를 고민하는 수많은 '거룩한 친구들'이 함께 걷고 있다. 우리의 구호는 변하지 않는다.

'우리는 AI에게 묻지만, 성령님께 듣는다.'

정답이 아니라 방향을 위해.
속도가 아니라 생명을 위해.

흔들리지만 끝까지 걸어갈,
당신의 그 치열하고 아름다운 삶을 온 마음 다해 응원한다.

- 당신의 동지, 김 목사 맺음